看不见的手是什么

亚当·斯密

〔韩〕Goodwill 哲学研究所 / 编著

千日 / 译

人民东方出版传媒
People's Oriental Publishing & Media

东方出版社
The Oriental Press

目 录

"
我们享受的美好晚餐并非来自屠夫、酿酒商及面包师的仁慈，而是源于他们对自身利益的考虑。
"

6

亚当·斯密创作出系统讲述经济学的《国富论》，
被誉为"现代经济学之父"。
他主张即使所有的人都在为自身的利益进行经济活动，
市场也会遭到"看不见的手"的调节。

亚当·斯密主张的分工、劳动价值、自由主义等思想，
至今仍然影响着我们的生活。
现在让我们进入建立现代经济学基础的
亚当·斯密的哲学故事中一探究竟吧。

现代经济学

之父

　　如果追溯经济学族谱，我们就会发现位于最前面的人就是亚当·斯密。那么他究竟为何能够被称为"现代经济学之父"呢？

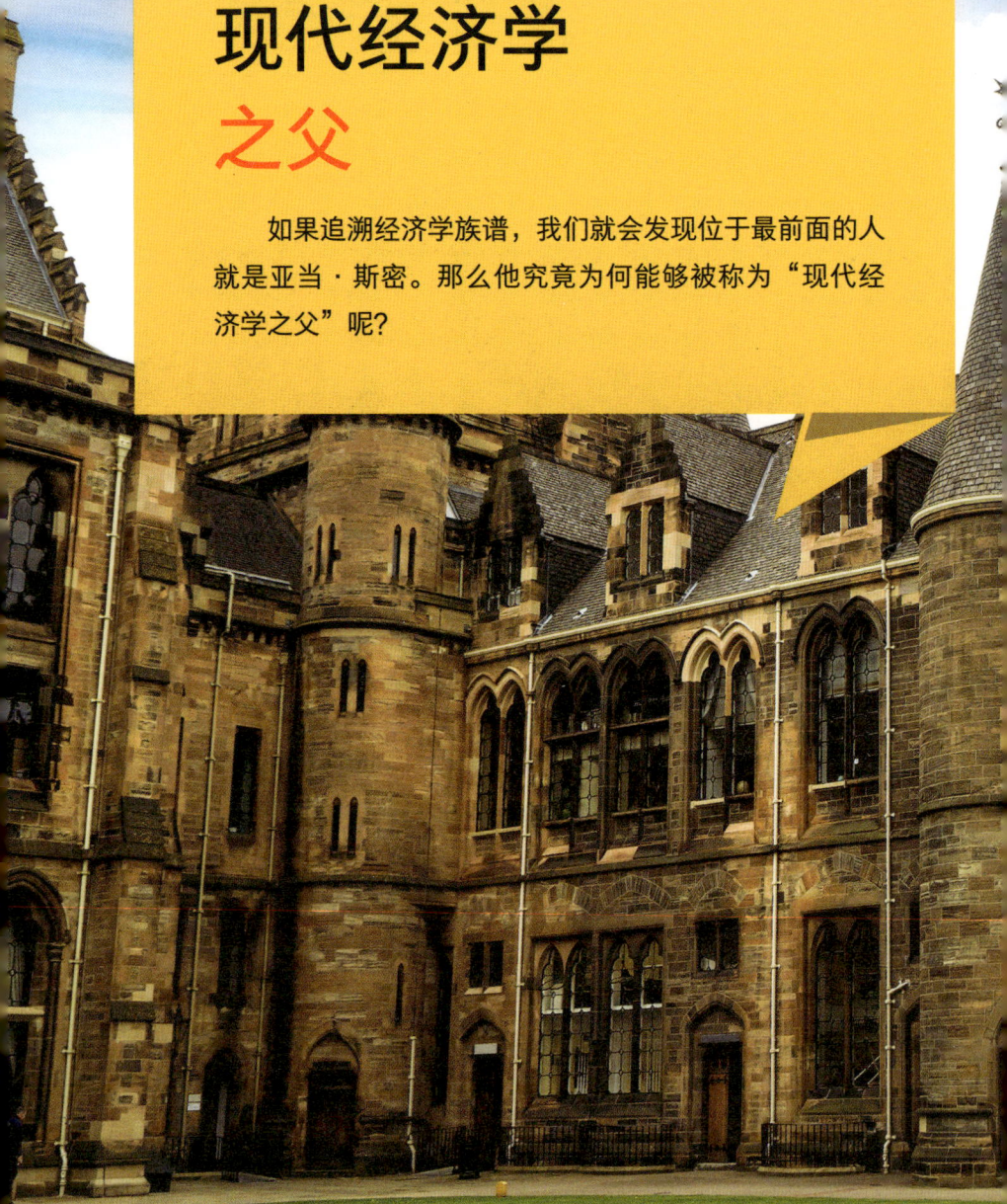

人生

时代

思想

名言

时事

01

一个沉迷于道德哲学的
苏格兰人

1723 年，亚当·斯密（Adam Smith）出生
于英国苏格拉底地区一个名为寇克卡迪的小型港
口城市。

苏格兰如今隶属于英国，但最初的苏格兰
有很长一段时间都是一个独立国家。寇克卡迪位
于苏格兰王国的首都爱丁堡北边的海岸上。

亚当·斯密的父亲是寇克卡迪的海关监督，不过在亚当·斯密出生前就去世了。

亚当·斯密的母亲希望自己的儿子长大之后能成为一名牧师。亚当·斯密也遵从母亲的意愿，在14岁时考入格拉斯哥大学。

作为港口城市，格拉斯哥的经济极为发达，与爱丁堡同为苏格兰的中心。格拉斯哥大学的氛围也跟这座城市一样充满了活力。

亚当·斯密在这所学校攻读"道德哲学（moral philosophy）"。提及"道德"，人们往往会联想到一些高尚的东西，但西方的道德哲学讲述的并不是这种内容。

对于道德哲学中的"道德（moral）"，我们可以理解为"习俗"，简单来说就是"当代人们普遍的行为模式"。

道德哲学是一门研究"人们为什么工作，彼此之间存在何种联系"等问题的学问，类似于

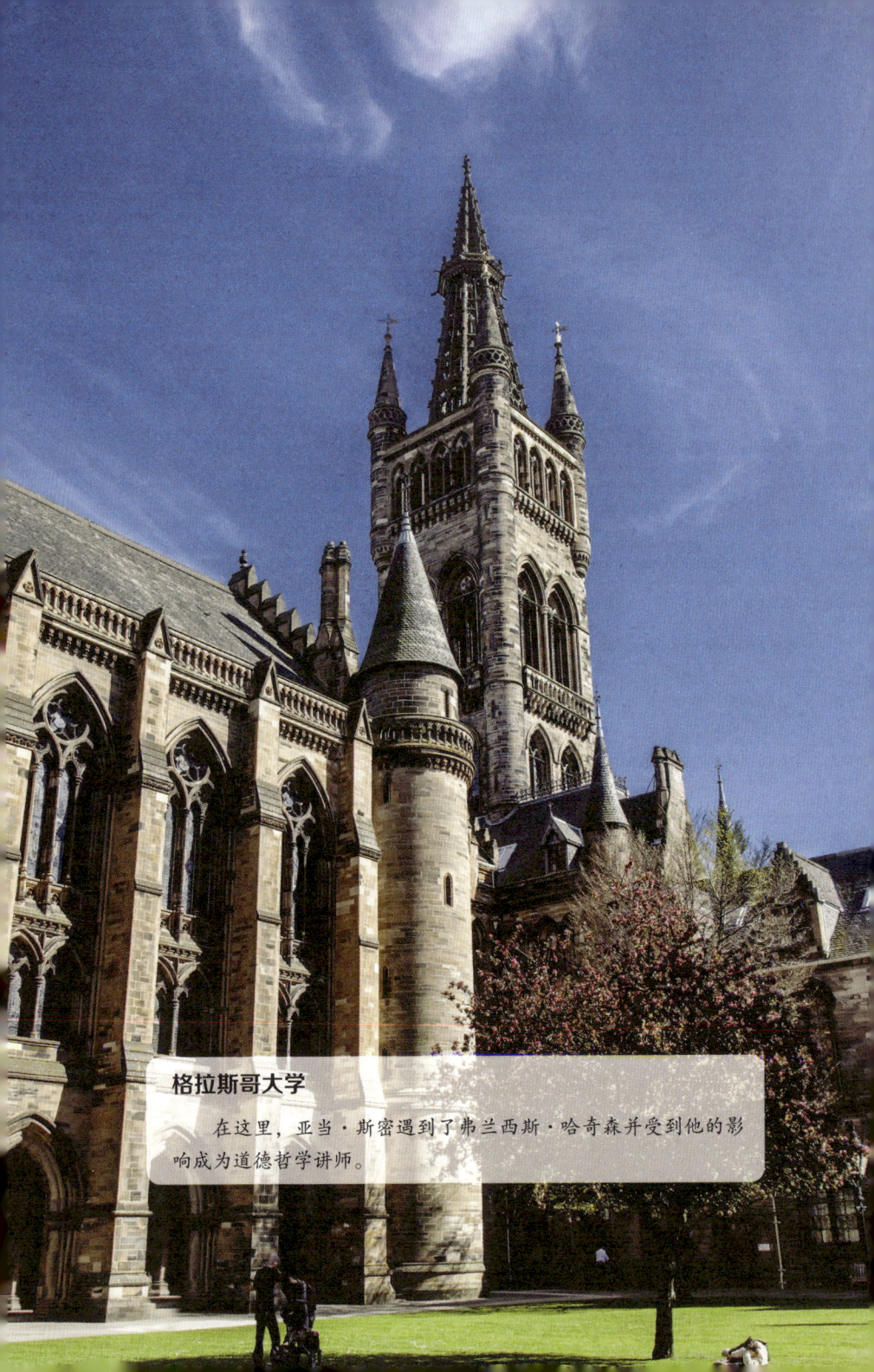

格拉斯哥大学

在这里，亚当·斯密遇到了弗兰西斯·哈奇森并受到他的影响成为道德哲学讲师。

如今的社会心理学，但社会心理学是研究个体和群体在社会相互作用中的心理和行为发生及变化规律的学问，属于心理学领域。

进入格拉斯哥大学后，亚当·斯密遇到了自己人生中的贵人，他便是当时在格拉斯哥大学任教的弗兰西斯·哈奇森（1694—1746）。弗兰西斯·哈奇森帮助亚当·斯密纠正了学习的方向，让他走上学者之路。就连让亚当·斯密名声大噪的《道德情操论》也是受到哈奇森的作品《道德哲学世界》的启发而创作的。

当时，教授和弟子的关系就如同君臣一样严格，但哈奇森依然将自己执教的机会让给亚当·斯密，同时为对方日后在格拉斯哥大学占有一席之地打下基础。

从格拉斯哥大学毕业后，亚当·斯密选择进入牛津大学进修，但最终没能毕业。

在 28 岁那一年，亚当·斯密最终成为曾经的母校——格拉斯哥大学的一名教授。据说，除了道德哲学之外，他还在大学教授过神学、伦理学、法学、经济学等。

亚当·斯密在格拉斯哥大学任教十年。日后，他称那段时期是他人生中"最有益、最幸福、最光荣的时期"。

1759 年，亚当·斯密总结自己对伦理学的理解，创作出版了《道德情操论》。《道德情操论》主要讲述的是划分人的行为合理性的标准。

有些人认为法律是判断行为准则的标准。即他们认为违反法律的行为是不合理的，而遵守法律的行为则是合理的。

不同于这种观点，亚当·斯密认为，能够引发别人同情的行为就是合理的行为。这里的同情指的是在某种情况或条件下引发共鸣。

因为人拥有"同情"这一道德情感，所以能够根据自己的良心判断是非。通过《道德情操论》，亚当·斯密在英国、法国、德国等欧洲各国声名远播。

02

《国富论》
与现代经济学的开端

通过《道德情操论》出名后，亚当·斯密接到了一个邀请，要聘请他为政治家查尔斯·汤森养子的家庭教师。当时，一些贵族和富人家庭往往会聘请家庭教师来教育自己的孩子。

查尔斯·汤森表示只要亚当·斯密成为自己养子的家庭教师，就答应他带着儿子一同前往法国旅行，同时还会给他介绍很多欧洲的著名学者。

亚当·斯密接受了汤森的邀请，并于1764年前往法国。他在那里逗留到1766年，其间还结交了很多学者。

这些学者当中不少都名声显赫，如哲学家伏尔泰、经济学家魁奈等。特别是与魁奈的交流给亚当·斯密带来很多启发，使得他回到故乡后就迫不及待地投入到研究和创作当中。十年之后，亚当·斯密代表作之一《国富论》问世了。

《国富论》的原名为《国民财富的性质和原因的研究》，但由于标题太长，改名为《国富论》。单从"国富"一词中，我们就可以看出这是一本讲述国家经济的书籍。

《国富论》是第一本系统地论述经济学的书。亚当·斯密凭借此书至今仍被称为"现代经济学之父"。

在这本书问世之前，经济学并未被划分为一门独立的学问。而通过《国富论》，亚当·斯密对经济学的理论、历史及政策进行了系统的整理。

在书中，亚当·斯密批评了当时英国的经济政策——贸易保护主义。贸易保护主义是国家为了保护本国产业而推出的奖励出口、限制进口的贸易政策。即国家会干涉进出口贸易，给进口商品附加高昂的赋税。

亚当·斯密在《国富论》中批判贸易保护主义，主张自由贸易。受到《国富论》的影响，英国的经济政策最终从贸易保护主义转变为自由贸易。

发表《国富论》后，亚当·斯密一时名声大噪，风头无两，甚至一些决定国家政策的高官都争先恐后地向他咨询。

1778 年，亚当·斯密被任命为苏格兰海关与盐税专员。作为学者，亚当·斯密可谓名利双收，但直至1790年离世，他都忙着潜心钻研学术，并未娶妻生子。

亚当·斯密虽然将自己的一生都献给了学术研究，但生前真正留下的只有《道德情操论》和《国富论》两部作品。传闻临终前，他坚持将自己未完成的十几部手稿付之一炬。

至于亚当·斯密的其他作品则是在他去世后，人们根据他以前在格拉斯哥大学的授课内容整理出来的。

知识要点

- 亚当·斯密主张人拥有道德情感，所以能够根据自己的良心区分是非。这些内容可以在《道德情操论》中找到。
- 《国富论》是第一本系统地讲述经济学的书籍，其内容包含经济学理论、历史及政策。凭借这本书，亚当·斯密被人们誉为"现代经济学之父"。

工业革命
和古典经济学

在亚当·斯密之前，只有重农主义和重商主义理论，人们无法解释工业革命下的各种经济现象。那么，在这样的时代背景下诞生的古典经济学究竟是一种什么样的学问呢？

01

劳动分工和
大量生产的时代

亚当·斯密生活的 18 世纪是工业革命刚刚兴起的时代。当时，大批富有的商人涌入英国的城市，从而形成商业资本。

商业资本是指在流通领域内专门从事商品买卖，以获取商业利润为目的的资本。这些钱只会用于投资，而不会用于消费。商业资本变大意味着商业规模跟着扩大。

与此同时，乡村地区出现了大量雇佣工人生产产品的工厂。

在那之前，有技术的人往往会自己制造物品，再放到市场上出售，但无论他的技术多高超，也终究只是一个人，所以在量产方面存在一定的局限。可若是雇佣工人进行生产，就能在一定的时间内生产出大量的产品。工厂雇佣的工人越多，生产出的产品就越多。这就是我们所熟悉的工厂模式，即所谓的制造[①]。

制造的特征是劳动的分工。制造一件物品往往需要经过几个步骤。在进行劳动分工之前，一件物品从头到尾都是由一个人来制造，而劳动分工则是将生产过程分化，让每个人负责一个步骤。

[①] 制造（manufacture）：制造是指工业资本家雇佣工人，为他们提供工具、场地、原材料等，利用他们的手工技术生产产品的方式。

以制作家具为例，如果将制作过程分为开料、加工、打磨、上漆等步骤，每个步骤由专门的人负责。如此一来，工作效率就能得到极大的提升。

　　随着分工的出现，工人的技术也发生了变化。若是在以前，能够造出物品的人往往是精通整个生产过程的匠人，而在分工化的工厂里，工人们也许不清楚所有的生产过程，但对于自己负

责的工序却十分熟练。

当每个工人对自己负责的工作十分熟练时，生产物品的速度，即生产速度会大大加快。若是在此基础上，改良锤子、刷子等工具，再调整工作位置、工序等，同时改善工作环境，那么就可以实现大量生产。不过由于技术水平不高，工业革命初期的工厂提高生产力是有一定局限的。

如今的工厂是各种大型机械二十四小时不停运转的场所。工厂要想生产产品，不仅需要机械，还需要能够运转机械的马达、引擎等东西，而马达和引擎想要启动则需要电力供应。

工业革命初期的工厂尚未具备这些条件。后来，随着蒸汽机、纺织机、自动机床的问世，工业革命才正式爆发。

02

重商主义和重农主义

生活在工业革命时代，亚当·斯密意识到一种崭新的经济理论存在的必要性。尽管当时已有重商主义和重农主义等经济理论，但仅凭这些理论根本无法解释工业革命下的各种经济现象。

如果说重商主义和重农主义是最初的经济学，那么亚当·斯密的经济学就是"古典经济学""古典主义经济学"。虽然对于我们来说，它确实很古典，但在当时，无疑是一种超前的理论。

想要弄清亚当·斯密的经济学诞生的原因，我们首先得了解重商主义和重农主义。

重视商业的重商主义

重商主义是指重视商业的理论或政策。商业是"买卖商品的经济活动"，因此相较于制造商品，重商主义更重视买卖商品，也就是更加重视贸易。

从 15 世纪到亚当·斯密出现之前，包括英国在内的欧洲各国均实施这种重商主义政策。重商主义的特点是保护国内市场的同时开拓国外市场。我们称这种政策为"保护主义"或"贸易保护主义"。简单来说就是进口原材料，然后生产商品再出口到国外。

实施保护主义后，国家会限制原材料以外商品的进口或对进口的商品附加高昂的赋税。反之，对于进口原材料的行为或出口商品的行为，国家则会给予一定的奖励。另外，国家会限制国内原材料的出口，因为原材料可以用于生产商品。

此外，重商主义还很重视金、银等贵金属。国家要想富起来，就要拥有更多的金和银，若是国内不盛产金和银，就会想方设法通过贸易购入金和银，甚至试图直接征服和控制盛产金和银的国家。

导致这一切的根本原因是重商主义认为金银天然是货币。货币不仅是决定所有商品价值的标准，还是一种能够购买其他商品的手段，因此在当时，国家保有大量的金银就如同现在国家保有大量外汇。

重商主义的另一个特点是主张出口应该大于进口。因此，实施重商主义政策的国家往往会限制原材料之外商品的进口，尤其是奢侈品这类的商品，因为他们认为进口这些商品会导致国内财富的流失。

当时，包括英国在内的欧洲各国都在争先恐后地开辟殖民地。因为殖民地不仅能够提供原材料，还是生产出来的产品的出口市场。我们可以联想一下曾经西方帝国主义国家侵略中国并掠夺粮食和矿产资源的场景。

不过这些国家在建立殖民地之后却禁止殖民地所属的国家开设工厂和生产产品。他们希望殖民地国家只生产对自己有利的产品。

重商主义认为，利润是从买卖商品的过程，也就是从商品流通的过程中创造出来的，所以实施重商主义政策的国家普遍主张扩大出口贸易。

亚当·斯密反对这种重商主义的贸易保护政策，主张自由的经济活动。受到他这种理论的影响，重商主义逐渐变得名存实亡。

重视农业的重农主义

如果说重商主义是重视商业的理论和政策，那么重农主义就是重视农业的理论和政策。最先主张重农主义的人是法国的经济学家兼医生弗朗斯瓦·魁奈。

弗朗斯瓦·魁奈
（1694—1774）

　　魁奈是法国的经济学家、医生，同时也是重农主义理论的创始人。他十分重视作为生产源头的农业。

重商主义和重农主义是相互对立的。因为重商主义需要很多工人岗位，而这些岗位大都是由原本种地的农民来填补的。

当时，英国的毛纺织业十分发达。毛纺织业需要用羊毛作为原料，为了获得更多的羊毛，资本家们常常会将耕地变为牧场。于是，世世代代以种地为生的农民都被赶了出来。

最终，这些失去工作的农民成为工厂里的工人。从重商主义的角度看，这是能同时获得原料和工人的好事情，但从重农主义的角度看，这是一件极其糟糕的事情，因为农民不仅失去了土地，还失去了赖以生存的手段。

这便是重农主义反对重商主义的理由。同时，重农主义认为其他产业只是对农产品的加工过程，并不具备生产力，只有农业才能真正创造利润，只有农业才是最重要的产业。

事实上，认为只有农业才是生产活动、加工不具备生产力的观点，恰恰就是重农主义的局限所在。不过粮食是人类生存必不可少的要素，因此重农主义始终认为农业才是最重要的产业。

主张重农主义的人曾对经济学做出过贡献，例如，他们曾试图分析财富的循环过程，简单来说，就是尝试分析资金的流向。

重农主义理论的创始人魁奈将参与生产的人划分成三个阶级：拥有土地的农场主；租地种田的农民；从事工商业的手工业者、制造商及商人。前两个阶级是生产阶级，第三个阶级是非生产阶级。魁奈将农场主单独划分为一个阶级是因为他们有租给别人地耕种的功劳。

此外，魁奈还理论地分析了这三个阶级分配产品的过程。这种分析方法为日后的经济学发展奠定了一定的理论基础。因为个人的经济生活不仅离不开国家整体的经济活动，甚至与世界整体的经济有着密切的关联。比如，油价的涨跌会引起全球经济的动荡，甚至影响我们每个人的生活。

重农主义尽管对经济学发展产生了一定的积极影响，但由于忽略了工商业的重要性，所以终究被时代所淘汰，丧失了影响力。

03

古典经济学的诞生

正如我们之前所说，在制造时代尽管形成了分工，但由于是纯手工作业，所以并不能实现大量生产。后来，随着技术的发展，人们渐渐用机器代替人力，使得产品产量大幅增加。

于是重商主义也渐渐跟不上时代的步伐了，因为重商主义主要研究的是与流通相关的商业、贸易等，并不重视生产。

随着工业日渐发达，为了正确了解工业，人们必然需要新的理论知识。比如，英国就开始研究涉及经济活动全局的新理论，毕竟工业革命始于英国。

随着人们利用机器实现大量生产，只研究流通，不考虑生产，显然无法更好地理解经济。于是学者们开始结合生产和流通进行研究，最终使经济学发展成为一个独立的知识领域。

由此诞生的古典经济学可以根据时期分为三个阶段。

第一阶段是古典经济学成长为独立知识领域的时期。这个时期的代表人物是亚当·斯密。亚当·斯密通过《国富论》确立了古典经济学的基本原理和概念。

他极力反对16世纪包括英国在内的欧洲各

古典经济学的三大代表人物

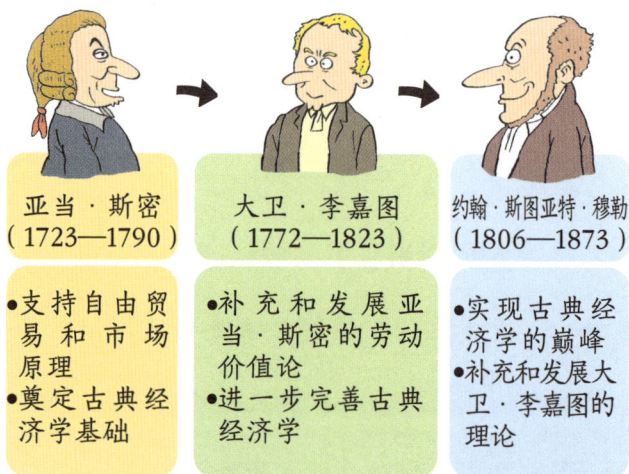

亚当·斯密 （1723—1790）	大卫·李嘉图 （1772—1823）	约翰·斯图亚特·穆勒 （1806—1873）
• 支持自由贸易和市场原理 • 奠定古典经济学基础	• 补充和发展亚当·斯密的劳动价值论 • 进一步完善古典经济学	• 实现古典经济学的巅峰 • 补充和发展大卫·李嘉图的理论

国所推崇的重商主义理论和政策，主张只有没有政府的干涉和支持下形成的自由竞争和自由贸易才真正有利于国家的经济发展。

第二阶段是工业革命达到高潮的时期。这个时期是资本主义的完整发展时期。这个时期的经济学代表人物是大卫·李嘉图。他创作《政治经济学及赋税原理》，进一步发展了亚当·斯密的古典经济学理论。

第三阶段是工业革命即将结束，也就是英国成为世界最富有国家的时期。这个时期的经济学代表人物是约翰·斯图亚特·穆勒。他在自己的作品《政治经济学原理》中结合现实中的情况讲述了大卫·李嘉图的各种理论，从而确立了这些理论的权威性。

知识要点

- 亚当·斯密的经济学被称为古典学派或古典经济学。在古典经济学之前存在的理论有重商主义理论和重农主义理论。
- 亚当·斯密生活的时代是工业革命刚刚兴起的时期。工业革命导致分工的出现，使生产速度加快，同时工业技术的发展又使大量生产成为可能。在这样的时代背景下，古典经济学问世了。

提高生活水平的
原理和方法

　　经济学可以说是一门研究"提高生活水平的原理和方法"的学问。众所周知，亚当·斯密在自己的作品《国富论》中讲述了经济学理论。那么，他提出的能够提高人们生活水平的方法究竟是什么呢？

人生

时代

思想

名言

时事

01

提高生产率的方法
具体有哪些

在亚当·斯密生活的时代，工业分工十分灵活。基于这一点，亚当·斯密提出想要提高生产率就必须进行分工。

当时的商品很珍贵，很少有像现在这样商品因为卖不出去而堆积在仓库中，不得不降价销售的情况出现。很多时候，商品都是供不应求。

因此，困扰人们的往往是如何快速生产更多产品的问题，所以包括亚当·斯密在内的人们都对生产问题很感兴趣。

随着完整社会分工的形成，人们不再满足于只使用自己生产出来的产品，于是，他们会从自己生产的产品中拿出多余的与别人交换，从而满足自己的需求。即生活中，大部分人不得不将自己生产的多余产品拿出来与别人交换。从这个角度来说，我们大部分人都是商人，而我们所生活的社会就是一个相互交换、各取所需的商业社会。

——摘自《国富论》

亚当·斯密多次强调只有分工才是提高生产率的方法。生产率是指在相同的时间内生产多少商品。生产率高，就表明在相同的时间里生产出的商品多。

对于分工的问题，亚当·斯密在《国富论》中以生产别针的工厂为例进行了说明。

当一个人负责生产别针的所有过程时，一天制造的别针不到20个。后来，细分了生产环节后，结果有了惊人的变化。

随着将生产别针的过程分成拉出金属丝、切断金属丝、弯曲金属丝等工序，并且每个环节由专人负责，这样一天一共生产出4800枚别针。即生产率提升了整整240倍。

为什么会出现这样的事情呢？原因如下：

首先，一个人专注做一件事情很容易做得熟练。其次，由于只做相同的事情，没必要来回走动或频繁更换工具，所以能够节约很多时间。更何况，长此以往说不定能实现机械化作业。因为分工后，工作变得简单，所以针对性地制造专业机器也变得更加容易。

另外，随着分工越来越细，人们的交易活动也变得更加频繁。以前，有什么需要的东西，人们只能自己制作，但随着分工的出现，人们开始相互交换自己所需的物品。

除了个人，国家和国家之间也可以形成分工。例如，韩国向国外出口电子产品，然后从国外进口水果，这便是分工。

如果一个国家需要煤炭，但又不盛产煤炭，那它只需卖掉自己生产出来的产品，然后从别的国家买回煤炭即可。当然，这种分工的前提是可以交换。

分工和交换就是贸易，跟每个人、每个国家都有密切的关系。正因如此，亚当·斯密才会主张废除贸易保护主义政策，实施自由贸易。因为贸易保护主义，也就是重商主义会为了保护本国工业而阻止外国商品的流入。

细分化的分工会提高生产率，而生产率的提高又会令分工更加细致。就像生产、卖出的商品多，赚的钱就多，生产商赚来更多的钱就会扩大工厂规模，同时为了生产更多的商品，就会更加细致地分工。这样的循环使得经济不断地发展。

这里最重要的就是分工。因此，亚当·斯密认为，只有分工才是提高生产率和令经济得到

嘿哟，嘿哟！跟着节拍走！

哈哈哈，自从实行分工，我的工厂越来越大了！

发展的重要因素。

亚当·斯密的这一主张对英国的经济发展产生了很大影响。当时的英国实行的是重商主义政策，受到亚当·斯密的影响，重商主义最终退出了历史的舞台。

然而分工也不见得只带来积极影响，也就是说，分工也存在很多问题。

20 世纪的著名喜剧演员查理·卓别林①曾拍摄过一部电影叫《摩登时代》。在电影中，工人打扮的卓别林站在工厂的传送带边上枯燥地重复着给产品拧螺丝的工作。当时的工厂无视工人的人性，视工人为机器。而这部电影正是讽刺和批判了这种社会现象。

当时在分工化的工厂，工人们即使工作累了也无法休息，因为一旦停下手中的工作，生产

---

① 查理·卓别林（1889—1977）：英国喜剧演员和导演。他因独特的装扮、敏锐的观察力及尖锐的讽刺风格深受人们喜爱。

任务会不断积累，而负责下一个环节的工人就会无事可做。另外，由于工人需要配合机器的速度进行工作，所以会产生自己就是机器的一部分的错觉。

分工的另一个问题是工人只能掌握极其有限的技术。不同于一个人制造整件产品，随着分工的出现，工人们只需负责整个生产过程中的一部分即可。如此一来，工人们学到的也只是自己负责的那部分的技术，因此想要辞职找其他的工作也不是一件容易的事情。

另外，分工不只存在于工厂中，我们所生活的社会也已经被细分化。就像我们每天都吃着米饭，但很少有人知道大米来到我们饭桌上的过程。因为那是农民和粮食商人负责的事情。同样，我们虽然穿着各种各样的衣服，但并不知道衣服是如何制造出来的。

假如所有的工厂都停工，我们可能马上就

没有食物可吃、没有衣服可穿。不仅如此,其他所有物品也会在市面上消失,等待我们的则是像流落到无人岛一样的生活。

不只是工厂里的工人,任何生活在现代社会中的人都一样。我们或许会精通一两种技术,但想要自行制造生活所需的各种物品,绝对是天方夜谭。

不过也正是因为人们明知存在弊端还继续推广分工和相关的专业化,才使得生产力大大提高,我们才能过上如今的富裕生活。

印在纸币上的工厂

亚当·斯密出生的寇克卡迪虽然是一座海边的小城市，但与北欧各国之间的贸易十分活跃。当时，寇克卡迪有几家生产别针的工厂。亚当·斯密从小好奇心强，十分喜欢跑到工厂里玩耍。

这些工厂并不是如今常见的大型机械化的工厂，而是由少量工人手工作业的小型工坊。有趣的是当时工人们的薪酬并不是以现金，而是以别针结算的。因此，他们到商店买东西时也会用别针来支付。这样的事情在当时十分常见。

在《国富论》中，亚当·斯密也以别针工厂为例讲述了分工的重要性。人们推测很可能是他小时候见过别针工厂的记忆给了他灵感。

2007 年，英国新发行的 20 英镑面值的纸币上就印有亚当·斯密的画像和他在《国富论》中提及的别针工厂的图案。

印有亚当·斯密画像的纸币

亚当·斯密画像的旁边还印有一座别针工厂。

02

钱是如何诞生的

众所周知，想要购买商品就要有钱。那么，钱是什么时候、如何诞生的呢？

很久以前，世上是没有钱的。那时候，人们想要获得自己需要的物品就必须跟别人进行"交换"。即人们想要获得自己需要的物品就必须以物易物。

以大米为例。如今，如果家里没米了，我

们可以到邻近的超市或市场花钱买回来。不想亲自去的话，可以打一个电话或在网络上订购，让人直接送货到家。

然而在没有钱（货币）的古代，人们要想获得大米就只能用其他东西去换。这种以物易物的方式，我们称为"物物交换"。

当然，无论是以前还是现在，人们想要获得作为口粮的大米就必须支付同等价值的东西。例如，一条鱼是无法换到一袋大米的。如果一个人想要大米，但手中只有鱼等价值相对不高的物品，那他就必须付出更多数量的鱼才有可能换到一袋大米。

但这也并非绝对。因为别人不一定有多余的大米，而且也不见得愿意交换。毕竟每个人的需求都不一样。

如果遇到这种情况，需要大米的人必须跋山涉水前往更远的地方寻找愿意跟自己交换的人。从这个角度来看，物物交换无疑是一种十分烦琐和费力的交易过程。

如此一来，人们迫切地需要一种比物物交换更加方便的交易方式。在这一基础上，人们想到了用某种东西来充当物品和物品之间的交换媒介。于是，货币产生了。

随着人们相互约定"用这个东西就能换多少别的物品"，"这个东西"便成了货币。因此，货币不一定是金、银等贵金属，关键在于人们是否认可它是货币。

当然，并非所有的东西都能成为货币。长期以来，人们始终在寻找适合在物物交换中作为交换媒介的东西。例如，贝壳、石头制作的工具、陶器、青铜物品、铁制农具、大米、麻布等。后来，人们发现，要想成为货币就需要满足以下几个条件。

第一，不能太常见。如果货币是树叶会怎

样呢？想必人们都会争先恐后地上山采摘树叶，然后用它来换大米。如此一来，市场上的大米会越来越少，而树叶则会越来越多，最终变得一文不值。

第二，体积和重量不能太大。货币必须是方便携带的东西。

第三，不容易变质。容易腐烂的鱼等物品显然无法作为货币使用。

第四，人们渴望得到且不容易贬值。

在西方，人们不断寻找符合这些条件的物品，最终发现盐最适合。盐是人类生存必不可少的事物，而且大部分陆地离海边很远，所以不容易弄到盐。

我们知道薪水的英文是"salary"，事实上，这个词源于拉丁语的"盐（salarium）"。传闻在古罗马时代，军队里是用盐来支付军人薪水的，于是"盐"这个词渐渐演变为表示"薪水"

的词。

　　然而盐作为货币使用依然存在很多不便之处。例如，遇到下雨天，盐就会溶化，不利于长期保存。为了克服这一缺点，人们又用金、银、青铜、黄铜等金属铸造货币。

　　不过金属制造的货币也具有太重而不方便携带的缺点，所以人们最终发明了如今这种更加方便使用的纸币和硬币。如我们所见，在数千年的人类历史当中，作为交换媒介的货币跟人类一样不断经历着进步和发展。

在经济规模不大的古时候，人们通过物物交换或使用金属货币就能获得自己需要的物品，但随着工业革命兴起，工业生产力得到提高，经济规模不断增大，研究商品和货币的流通、货币的价值等问题变得尤为迫切。而就在这时，一个人站出来提出了一个新的经济理论体系，这个人便是亚当·斯密。

03

商品的价格是
如何制定的

水是人类生存必需的物质，但如此珍贵的水，价格却不高；与此相反，对很多人来说可有可无的钻石价格却高得离谱，甚至有的钻石项链价格高达数千万元人民币。那么，商品的价格是如何制定的呢？

使用价值和交换价值

商品的价格取决于它所拥有的价值。价值高的商品，其价格也高；而价值低的商品，其价格就低。然而作为我们生命源泉的水价格十分低廉，但用途极其有限的钻石价格却十分高昂。

对于这样的现象，亚当·斯密用价值的概念进行了解释。他表示商品的价值分为"使用价值"和"交换价值"，交换价值不等于使用价值，所以才会出现这样的事情。

简单来说，使用价值就是"用途"，用途多的商品其使用价值也大，就像水。

交换价值则意味着"稀少"。人们的需求量大于实际存在量的商品，其交换价值就大。事实上，交换价值比较接近价格，因此交换价值大的商品往往其价格也更高。

不过亚当·斯密认为仅凭交换价值和使用

价值是无法说明一件商品的真正价值的。那么，一件商品的真正价值是由什么决定的呢？

亚当·斯密认为是"劳动"。即制作商品投入的劳动力才是决定商品价值的决定性因素。这种观点被称为"劳动价值论"。这里所说的劳动价值是指在制造商品时投入的"劳动量"。

事实上，在亚当·斯密之前就有人提出过决定商品价值的是"劳动"，亚当·斯密将这种

劳动价值论

花费一天时间制造的书桌
价格较低。

花费三天时间制造的电脑
价格较高。

理论进一步完善，使其发展成更加系统的理论体系。

制造商品需要的时间越长，花费的劳动力就越多，商品的价值也会更高。另外，有些原材料价格高的原因也在于此。即获得那种原材料花费的劳动力多，那么它的价值也会高。

不过劳动价值低并不意味着商品的价格低。有些商品的劳动价值很低，但价格却十分高。亚当·斯密认为这是市场自行调整价格的缘故，其中涉及的概念便是自然价格和市场价格。

自然价格和市场价格

根据制造商品所投入的劳动来制定的价格称为"自然价格"；"市场价格"则是指商品在市场上的销售价格。

因此，自然价格和市场价格往往不一致。

我们之前所说的劳动价值低，但商品价格高的情况便是这样。例如，市场上只有一瓶水，很多人都想买这瓶水，那么水的市场价格就会比自然价格高。

如果存在那种制作过程简单，但能够卖出高价的商品，也就是劳动价值低，但市场价格高的商品，会如何呢？想来大家都会争先恐后地制造这种商品来卖，毕竟它能让人更轻松地赚钱。而市场上这种商品变多，它的市场价格自然就会下降，最终接近自然价格。即商品的价格会"自动"得到调节。

如果市场上某种商品的数量过多，导致市场价格接近自然价格的情况出现，人们就会减少这种商品的制造，以免遭受损失。而市场上商品的数量减少，其市场价格自然会上涨。

总之，亚当·斯密认为即便自然价格和市

场价格相差很大，也没有必要人为地调节商品的价格。因为即使人们放任不管，商品的自然价格和市场价格也会变得相近。简单来说就是市场会自行调整这一切。

一件商品的价格取决于它的使用价值、交换价值、自然价格、市场价格等很多因素。亚当·斯密提出的劳动量决定商品价值的主张更是对日后研究经济的学者和思想家们产生了很大的影响。

04

赚到的钱该如何分配

工厂生产的产品可以拿去销售，不过赚到的钱不会全都进入工厂主人的口袋里。因为这些钱还要分给参与产品生产的人。那么，赚到的钱究竟该如何分配呢？

有关如何分配金钱的理论，被称为"分配论"。工业革命爆发后，工厂发展迅速，分工更加活跃，关于分配的问题也重新引起了人们的关注。在一个人完成整个物品生产过程及销售的时代，生产物品的人可以拿走卖掉所生产物品的所有收益，所以并不存在关于分配的问题。

根据亚当·斯密的主张，工厂主首先要给参与商品制作的工人们支付报酬，即薪酬。另外，工厂主也要获取一定的利润。最后，工厂主还要向政府支付一笔工厂所在土地的"租赁费"。

当确定好所有需要分钱的对象后，最重要的无疑是"该给工人支付多少报酬"的问题。

亚当·斯密认为工人的薪酬要由工厂主和工人协商决定。

工厂主作为资本家肯定想尽可能少地支付报酬，只有这样，他才能获得更多的利润。但是工人的薪酬也不能太少，因为只有获得的薪酬足够解决衣食住行的问题，工人才会继续为工厂主工作，即工人的薪酬不能低于最低生活保障金额。

最低生活保障金额是指一个人能够勉强维持生计的费用。如今，世界各国均出台相关政策，以保证工人的收入不能低于最低生活保障金额。

那么，资本家的利润又是如何确定的呢？亚当·斯密根据需求和供给的法则解答了这一问题。

他认为生产商品时所需的资本越多，资本家获得的利润就越少；生产商品所需的资本越少，资本家获得的利润就越多。这里所说的资本，狭义上指金钱，而广义上则指除去劳动力和土地之外，生产商品时所需的一切消耗。

很多人认为消耗的资本越多，资本家获得的利润也会越多，但事实并非如此。也就是说利润的绝对量会增加，但相对量很有可能会减少。因为市场上必然存在相互竞争的情况。

以游戏机为例。当人人都想要游戏机时，少数人制造游戏机来售卖绝对能赚大钱；但若是大家争先恐后地投入大量的资金生产游戏机，市场上很快就会有各种相似的游戏机，价格也会越来越低，生产商们的利润也会大幅降低。即最先制造游戏机的人肯定会赚大钱，但后来跟风的人则很难获得太多的利润。

因此，亚当·斯密认为市场会在供给和需求之间，根据价格的自然变动，调整资源的配置。不过，他的这一主张并不适用于当今社会。因为如今社会的经济情况与他所生活的时期有着很大的不同。

然而即便如此，亚当·斯密的理论至今依然被人们推崇，同时被无数人作为研究的对象。因为他是第一个系统地分析和建立经济理论体系的伟大经济学家。

05

资本有哪些种类

我们之前说过，狭义上的资本指金钱，而广义上的资本则指生产过程中的所有消耗。亚当·斯密则将资本分为两种：一种是固定资本，一种是流动资本。

固定资本是指不会变化的资本。例如，土地、建筑、机械等为生产产品所做的投资就属于固定资本。

位于爱丁堡的亚当·斯密铜像

亚当·斯密是经济学理论体系的创立者，被誉为"现代经济学之父"。

ADAM
SMITH

流动资本和固定资本

流动资本是指经过周转才能用于生产的资本。例如，原材料要卖给工厂才能用于生产商品，所以属于流动资本。此外，农业中使用的化肥、种子等也属于流动资本。如果只是拥有化肥或种子并不会对生产有任何帮助。只有将它们卖给农民，它们才能用于生产。

- 亚当·斯密强调生产的重要性，表示分工是提高生产率的关键。
- 商品的价格取决于它的交换价值、使用价值及劳动价值。亚当·斯密认为劳动价值是决定商品价值的最重要因素。
- 亚当·斯密认为资本家的利润取决于市场，同时资本可以分为固定资本和流动资本。

亚当·斯密的
名言名段

没有人需要计划，
也不需要统治者的干涉。
因为市场会解决所有的问题。

——亚当·斯密

人生

时代

思想

名言

时事

01

看不见的手

提到"市场"，人们通常会联想到各种贩卖小吃和生活必需品的商铺聚集在一起的传统市场。但事实上，除了这些传统市场，还有其他可以买卖商品的地方及进行交易和交换的场所，我们都称为市场。

很久以前，人们通过交换获得生活所需的物品，这种行为被称为物物交换。

然而人们发现物物交换存在很大的不便。因为每次有需要的物品时，都只能亲自去找拥有那种物品的人进行交换，这个过程别提多麻烦了。

很快，人们发现在特定的时间和地点聚在一起一次性地交易和交换商品十分方便，于是市场就自然而然地形成了。开设市场的地方大部分是交通便利、方便人们聚集的场所。

起初，根据当地的具体情况，这些市场会每隔一个月或每隔几天开放一次，而在聚集着大量人口的地方，开始出现每天都会开放的市场。渐渐地，在生产商品的生产者和购买商品的消费者之间出现了专门以贩卖商品为生的商人。人们通过市场可以更加轻松地获得自己想要的商品，社会上也因此诞生了很多有钱的富人。

由此可见，市场并不是某个人有意主导的，而是根据人们的需求自然诞生的。自从有了市

场，消费者们可以轻松买到自己想要的商品，而商人们则能够通过销售商品赚取利润。同样，专门生产商品卖给商人的生产者也成了受益者。

那么，我们为什么能在市场上轻易买到自己需要的商品呢？亚当·斯密认为这是人的本性使然，他认为每个人都会追求自己的利益。

亚当·斯密认为，因为人追求个人利益的私心而形成了市场，而在"看不见的手"的作用下，所有的人都会受益。

我们的晚餐并不是来自屠夫、啤酒酿造者或点心师傅的善心，而是源于他们对自身利益的考虑。

人想要扩大自己的利益无可厚非。

事实上，人们不会特意为公共利益着想，也不知道如何提升公共利益。他们不过是在追求自己的安全和利益，却由一只"看不见的手"引导着，达成了自己原本没有想过的另一个目标。即人们不断追求自己的利益，却意料之外地提升了社会和国家的整体利益。

——摘自《国富论》

按照亚当·斯密的主张，无论是购买原料生产商品的人还是培养农作物的农夫，又或是以捕鱼为生的渔夫，他们都有着相同的目的——扩大自己的利益，也就是赚钱，或者说赚更多的钱，而不是为了生产商品、鲜鱼、大米，给消费者们带来方便。

是人就有私心。这里所说的私心指的是单纯地追求自己的利益，并非为了自己的利益给别人带来危害。

亚当·斯密认为所有人都是跟着自己的私心走的，而且只要跟着私心走，哪怕没有人为的干涉，所有经济活动也会十分和谐顺畅。

以牙膏为例。假如市场上牙膏供不应求，牙膏工厂厂长就会想："市场上的牙膏供不应求。现在生产牙膏肯定能赚更多的钱。"

于是，牙膏工厂厂长会扩大牙膏的生产规模，不过不是为了那些没牙膏刷牙的人着想，而是为了扩大自己的利益。如此一来，市场就会有足够多的牙膏了。

亚当·斯密主张的和谐的经济活动就是指这种情景。总的来说，他所说的"看不见的手"是指在个人为了自己的利益进行竞争的过程中，哪怕没有人为的调节或策划，最终也能形成对社会有利局面的市场原理。

"看不见的手"一词在亚当·斯密的著作《国富论》和《道德情操论》中频繁登场。亚当·斯密表示只要让社会成员各自决定购买什么、生产什么，以及购买多少或生产多少，最终就会在"看不见的手"的引导下形成对社会整体有益的和谐经济活动。形成这种结果的原因就是个人的利己心。

02

自由放任主义

在之前提及过的牙膏的例子中，牙膏工厂厂长是如何得知市场上的牙膏供不应求的呢？应该不是没有牙膏刷牙的消费者们直接找到了牙膏工厂，或是政府直接下达生产牙膏的命令。最大的可能是牙膏工厂厂长根据市场上牙膏价格上涨的情况得出了牙膏供不应求的结论。

当市场上的某个商品供不应求时，该商品

的价格就会不断上涨。正因如此，牙膏工厂厂长才会下定决心扩大牙膏厂规模，生产更多的牙膏。

反之，如果市场上的牙膏过剩或需要牙膏的人变少，牙膏的价格就会下降。这样一来，牙膏卖得再多，生产牙膏的人也没多少利润，所以最终会停止生产牙膏。

从这个角度来说，决定生产什么商品、何时生产、生产多少等问题的因素是该商品的价格。如果国家统一对这些进行规划，那这种经济就是"计划经济"。

此外，价格还会对消费者的行为产生影响。假如牙膏价格上涨，消费者就会努力节约使用牙膏。这种行为会减少市场对牙膏的需求，从而导致牙膏的价格下降。可以说无论是生产商品的生产者，还是使用商品的消费者，其行为都会受到商品价格的影响。

供给

需求

价格

我们称这种规律为"供求定理"。当人们对一种商品的需求增长时，这种商品的价格就会上涨。如此一来，该商品的供给会增加，而供给增加又会导致它的价格下降。即商品的价格会根据市场中的供给和需求的变化而发生变化。

亚当·斯密认为当所有人都出于个人利益行动时，"看不见的手"会引导所有经济活动形成良性循环。即他认为"看不见的手"不仅能调节商品的价格，还会起到维持供给和需求平衡的作用。

按照亚当·斯密的理论，价格会调节商品在市场上的供给和需求，而供给和需求又会调整商品的价格。通过这种循环，经济最终会和谐发展。

再者，不是有意为之也不见得就不利于社会。事实上，一个人在追寻个人利益的过程中能创造出来的社会利益往往比他直接追求公共利益时更多，而且我很少见到那些打着为民众造福的旗号行事的人真的能有所作为的。

——摘自《国富论》

亚当·斯密认为人们追寻个人利益不仅不

会对社会有害，反而对社会有益。就好比在牙膏的例子中，牙膏工厂厂长因为卖了牙膏赚了大钱而高兴，而消费者们则因为获得了一直想要的牙膏而高兴，可谓双赢。

为了追求利益，人们会展开激烈的竞争。因为只有研发出比竞争商品更便宜、更高质量的商品，才能获得更多的利润。

但若是没有竞争对手的工厂想要造福社会，生产物美价廉的商品则不是一件容易的事情。因为没有竞争对手，就不会为了获得更多消费者的青睐而努力去研发更好的商品。

那么，亚当·斯密认为国家和政府应该做的事情是什么呢？他认为国家和政府应该做的就是不干涉经济。

因为能够让经济形成良性循环的是市场，而并非国家或国家制定的政策。亚当·斯密主张的这种立场，我们称之为"自由放任主义"。自由放任主义，又叫"无干涉主义"，意思就是国家放手让商人们自由贸易。

国家认为出于善意，利用法律和规定来帮助经济的发展，但事实并非如此。国家应该做的是自由放任和不干涉。只有这样，名为经济的"齿轮"才会在私心这个"润滑油"的帮助下奇迹般地灵活运转。没有人需要计划，也不需要统治者的干涉。因为市场会解决所有的问题。

——摘自《国富论》

按照亚当·斯密的理论，国家和政府该做的是维护治安和法律秩序，以及建设公路、铁轨、港口等基础设施，为经济活动创造更有利的条件。因为工厂生产商品固然重要，但运输商品所需的基础设施同样重要。

这些得由国家负责。

例如，海边的城市若是没有港口，生产出来的商品就无法运输出去，但建造这些基础设施往往都是大型工程，靠个人力量很难解决，所以只能由国家来负责。

那么，如今世界各国的政府是否按照亚当·斯密的主张在实施自由放任主义政策呢？答案是否定的。因为假如真的没有任何限制地放任不管，企业很有可能会为了追求更大的利益而侵害公共利益。如今，一些大型企业店大欺客的事情时有发生，如哄抬价格、以次充好等都属于这种情况。

知识要点

- 亚当·斯密认为，即使所有人为了追寻自己的利益而进行经济活动，最终也会在"看不见的手"的引导下，形成和谐的良性循环。
- 当商品的需求增加时，商品的价格会上涨。如此一来，供给就会增多，而供给增多，商品的价格又会再次下降。可见商品的价格取决于供求定理。

企业的利益
等于我的利益吗

　　假如把亚当·斯密的经济理论套用到如今的经济情况会怎样呢？如果他看到那些为了追求自身利益而侵害国家和社会公共利益的企业会有什么样的反应呢？

人生

时代

思想

名言

时事

01

什么样的企业
是好的企业

在韩国，人们偶尔会在电视新闻或报纸中看到"一些大型企业向政府请愿，请求政府营造有利于企业发展的环境"等内容的报道。这说明韩国的经济环境不利于企业成长。

什么是不利于企业成长的环境呢？指的是烦琐的规定太多、不利于企业创造利润的环境。

那么，韩国的企业真的是因为处在不利于开展经济活动的环境中才难以创造利润吗？

以前的韩国移动通信公司有一项叫"来电显示"的服务，也就是在用户接电话时显示来电人的电话号码。移动通信公司会为这项服务向消费者们收取一笔相关的服务费。

但事实上，这项服务是手机自带的功能，移动通信公司在为客户们提供这项服务时根本没有付出什么辛苦。后来，得知此事的消费者向移动通信公司提出强烈的抗议，移动通信公司这才开始免去或减少相关费用。

这样的事情说明只要有利于自身，企业很有可能会欺骗消费者。

另外，企业之间还会彼此组成利益同盟，实施对自己有利，对消费者不利的经营政策，这就是俗称的"串通"。就像上述的情况一样，随着所有的移动通信公司串通好一起收取来电显示服务费，消费者就完全失去了选择的权利。

假如市场上生产某种商品或提供某种服务的企业只有一家时，情况会更加恶劣，我们称这种情况为"垄断"。而遇到这种情况时，消费者同样会丧失选择的权利。

随着经济的发展，企业的规模像滚雪球一样越滚越大，而消费者的力量则会相应地减弱，

但即便如此，那些企业还会不知足地要求更多的自由。不过从企业的角度来说，这也是某种扩大自身利益的手段，所以也是很正常的事情。

尤其是呼吁要给企业更多自由的人们经常会引用亚当·斯密的话。因为亚当·斯密主张自由放任主义。

不过亚当·斯密并不认为企业的主张就永远是正确的。他比任何人都清楚企业的目的就是营利的事实，因此曾指出有益于企业的事情未必有益于国家和社会。

> 比起社会的公共利益，商人们更加注重自身的利益，所以哪怕他们自认为行事公平，其结果也会倾向于追求自身利益。
>
> 另外，一些特殊领域的商人或制造商在某些方面会与公众利益相矛盾，甚至背道而驰。扩大市场和限制竞争是在成全商人和制

造商的利益。其中，扩大市场的行为虽然可能有利于公共利益，但限制竞争绝对是在成就商人和制造商的利益。因为限制竞争会导致他们对商品无限度地提价，而这又会转嫁到市民（消费者）的身上，从而增长商人和制造商的利润。

因此，对于这些阶级提出的有关新的商业领域的法律和规章制度，国家应该经过慎重研究之后，再决定是否要出台。因为他们是自身利益和社会公共利益不一致的阶级，是拥有长期压迫和欺瞒社会"前科"的阶级。

——摘自《国富论》

亚当·斯密所说的"商人"相当于现在的企业家。亚当·斯密认为他们建议的法律法规很可能与社会公共利益存在矛盾，所以一定要慎重研究。

如果亚当·斯密看到"一些大型企业向政府请愿，请求政府营造利于企业发展的环境"等内容的报道会有什么样的反应呢？想必他一定会提醒国民们要小心提防。因为大型企业的诉求很有可能是要求扩大自身的利益，而这种行为往往会侵害消费者的利益。

财富的集中不仅会歪曲市场的能力，还会侵害国家和国民的利益。当一个国家中几个大型企业在国家整体经济中占据的比重过大，或少数富有的人掌握着绝大多数财富，从而导致国民之间贫富差距过大时，这个国家绝对算不上是一个理想的国家。

单从企业的角度来说，一个懂得营利的企业确实是一个好企业，但若这个企业营利的手段对社会有不好的影响，那么它肯定无法被称为一个好企业。例如，晚上偷偷往河里排污；看着工人们在恶劣的环境下工作而放任不管，以致工人

从工厂里排出来的污水

乱排污水不仅会污染环境，还会对国家和国民产生危害。

们生病等，都不是一个好企业该有的表现。

若是放到以前，每每提到好企业，人们往往会先联想到懂得营利的企业。但在现代社会，评判好企业的标准却不一样。如今，人们心中的好企业必然是一个懂得用自己赚来的财富回馈社会，致力于创造美好社会的企业。

为贫困、患病的人建立福利设施；向世界弘扬祖国文化，开创促进祖国文化发展的事业；

身先士卒投身环境保护工作等，都是一个好企业该做的事情。

正如一个人无法独自生存一样，企业也并非只属于企业家一个人，所以应该多为国家和社会考虑。

02

亚当·斯密和凯恩斯

亚当·斯密主张想要提高生产率，首先得积累大量资本。即他认为资本越多生产率就越高。为此，他还提倡人们要节俭来积累资本。

对于政府，亚当·斯密同样建议要节俭。他认为政府不应该过多增加公务员的数量或投入太多的费用到战争中去。在他看来，政府的职责是维护社会秩序，其他的则应该交给"看不见的手"引导的市场负责。

然而在亚当·斯密去世后，一系列连他也没预料到的事情发生了。那就是"看不见的手"将人类的劳动力转化成一种廉价的商品，尤其在进入二十世纪之后，这种现象更为突出。

之所以会出现这种情况，是因为相较于需要积累大量资本的大型工厂的数量，或是供给这些工厂的原材料数量，能够给工厂打工的劳动力过剩。如此一来，在竞争的压力下，工人们的工资必然会被压到最低。

当时的很多发达国家尽管能生产大量商品，但由于国民的薪酬普遍较低，所以根本没有闲钱来购买商品，以至于诞生"节约悖论"这样的概念。最终，这种现象引发了严重的社会问题，乃至成为可怕的世界大战爆发的原因。

在那样的境况下，人们自然无法继续等待亚当·斯密所说的"看不见的手"出来解决所有

凯恩斯（1883—1946）

英国经济学家。他主张为了充分就业，政府应该提出补救措施，而不是实施自由放任主义政策。

的问题，于是，"看得见的手"的干涉变得十分必要。

这里所说的"看得见的手"是指国家，即有人建议国家应该干涉市场经济。

提出这一主张的代表人物便是英国经济学家凯恩斯。他在自己的作品《就业、利息和货币通论》中提醒人们过度的节俭有可能会导致经济崩溃。即他认为如果消费者太过节约，不购买任何商品，最终生产商们都会破产。因此，他主张消费者应该适当地消费。

在凯恩斯看来，人们的消费增长了，工厂就要相应地多生产商品，而工厂想要多生产商品，工厂里的工作岗位就会相应地增加。如此一来，工人们就能获得消费所需的适当薪水，而经济也会相应地增长。

想要确保充分就业，就得扩大投资规模。投资规模扩大，工人的收入就会增加，工人的收入增加，他们对商品的需求也会增加，就业和收入也会进一步增加。正因如此，在民间的投资不活跃的萧条时期，政府对公共事业的投资会明显增加国民的收入。

——摘自《就业、利息和货币通论》

凯恩斯之所以提出这样的主张，是因为在现实中"看不见的手"并没有像亚当·斯密所想的那样根据供求定理起到相应的作用。因此，凯恩斯认为市场中必须有"看得见的手"，也就是国家的干涉。

这一理论被称为"修正资本主义理论"。即在不颠覆资本主义体制的前提下进行一定的修正，从而消除已有矛盾的政策。简单来说就是当国内出现失业潮或经济混乱等资本主义矛盾时，国家进行干涉以化解矛盾的政策。其代表性的例子有美国的罗斯福新政①等。

对于国家的职责，亚当·斯密和凯恩斯分别提出了不同的主张。亚当·斯密认为国家不应该干涉经济，凯恩斯则认为国家应该积极参与市场经济。

另外，凯恩斯还提议，为了经济的增长和稳定，国民应该积极扩大消费。他强调国家应

---

① 罗斯福新政：美国经济危机时期，总统罗斯福就任后实施的经济政策（1933—1939）。当时，美国政府直接或间接干涉经济活动并开展各种经济复兴政策。

该通过干涉经济的方式赋予消费者得以消费的能力。

　　凯恩斯的主张在当时引发了极大的反响，甚至还因此诞生了"凯恩斯革命"的说法。随着凯恩斯的登场，亚当·斯密提出的自由放任主义渐渐被人们所遗弃。第二次世界大战之后，世界各国纷纷按照凯恩斯的主张，开始采用国家积极干预经济的政策。

　　如今，亚当·斯密的自由放任主义再次以"新自由主义"的名号展现在人们眼前。新自由主义是指将亚当·斯密的自由放任主义重新适用于当今社会的一种政策。为最大限度地保证市场的自由性，新自由主义主张国家要尽可能减少对市场的干预。

通过**亚当·斯密的故事学习哲学**

人的私心不一定
就是坏的。

在亚当·斯密生活的年代，经济学并非一门独立的学问。尽管亚当·斯密从未将自己的研究内容定义为"经济学"，但我们依然会称他为"经济学之祖""现代经济学之父"。

现在是21世纪，一个离亚当·斯密活跃的年代过去数百年的时代。18世纪的理论显然无法套用到21世纪。然而亚当·斯密提出的理论依然与我们的生活有着十分密切的关联。因为亚当·斯密的经济学中包含着我们分析现实所必需的内容，也就是源于自由主义价值观的"看不见的手"所引导的市场秩序体系。

不同于过去的市场，如今的市场也会以亚当·斯密的观点为前提。如果说以前的市场是以物物交换为中心的市场，那么亚当·斯密则是以商品为中心讲述了市场的特征。即如果说以前的市场是用来以自己多余的物品交换别人手中其他物品的场所，那么现代的市场则已经超越单纯交换物品的场所的定义，成为一种将所有人的生活连接到一起的场所。因为如今的大部分事物都会转变为商品的形态，也就是转变为可以标上价格形态，从而相互形成某种关联。

在现代社会，每个人的复杂生活都会通过市场连成一个整体。人们只有通过市场才能获得所需的物品和能够换取所需物品的手段——金钱。这说明人同样被当成了能够在市场上流通的一种"商品"。

当人的劳动力成为商品在市场上买卖时，我们称它为"劳动市场"。为了提高自己在劳动市场上的"商品性"，人们会努力学习，考上更好的大学。尽管我们学习未必是为了将自己转变为商品，但不可否认它确实已经成为我们学习的一个重要目的之一。

此外，还有资本市场。资本市场是金钱本身进行交易的市场。金钱如同市场的血液，是市场运行的动力，只要有钱，就能买到市场上流通的任何商品。

生活在这样的时代，为了赚取更多的钱，人们都会努力发挥自己的私心。但这样的努力和私心并没有什么不好。

人生而自由和平等，我们称这种权利为"自然权利"。不过如果每个人的自然权利没有限制任意行使，社会很快就会陷入动荡。为了不让社会陷入动荡，每个人都会与其他人建立社会关系。从这个角度来说，"经济"一词也可以理解为"在生活中，人和人之间彼此来往的过程形成的社会关系"。

亚当·斯密认为人生而具有"同情"。这里的"同情"指的是设身处地地对他人的情绪和情感的认知性的觉知、把握与理解，即同理心。他认为人们会通过这种同情建立社会关系。

然而人无法只靠同情生活，而且在同情别

**位于爱丁堡的
亚当·斯密之墓**

墓碑上刻着:《道德情操论》和《国富论》的作者亚当·斯密安眠于此。

人之前,往往会先为自己着想。这种先为自己着想的心理,亚当·斯密称之为"私心"。

如今在学校,老师教育学生私心是坏东西,应该舍弃,但它并不是可以轻易舍弃的。因为作为一个生命体,自己珍惜自己是再正常不过的事情。

正因如此，亚当·斯密才会以人天生具有的私心为出发点分析社会现象。只是单单靠私心并不能解释清楚社会的种种变化，所以他才会用私心和同情——这两种心理作为突破点。

我们一定要记住亚当·斯密强调私心和同情的理由。因为我们的私心只有在有他人的情况下才能存在，而想要有他人存在就必须体谅对方的私心。

历史中的亚当·斯密

	西方	亚当·斯密	东方
1721年	罗马教皇克雷芒十一世去世。		
1723年		出生于英国苏格兰，为寇克卡迪税务官的儿子。	
1735年			中国清朝乾隆皇帝登基。
1737年	奥地利与土耳其爆发战争。	14岁时，进入格拉斯哥大学。	
1740年	奥地利就王位继承权问题引发战争。	17岁时，到牛津大学进修。	
1746年		23岁时，从牛津大学退学，回到故乡。	
1748年	法国启蒙思想家孟德斯鸠。代表作为《论法的精神》。		
1750年			中国领土扩大到西藏。
1751年	▲孟德斯鸠	28岁时，被聘请为格拉斯哥大学教授。	朝鲜英祖发布均役法。
1753年	英国在伦敦建立大英博物馆。		
1756年	英国引发七年战争。		
1757年			印度与英国之间爆发普拉西战役。
1759年		36岁时，发表《道德情操论》。	

104

	西方	亚当·斯密	东方
1762年	法国卢梭发表《社会契约论》。	◀卢梭	朝鲜英祖时期，思悼世子被关进米柜中死亡。
1763年	为了终结七年战争，英国、法国、西班牙签订巴黎条约。		
1764年		41岁时，前往法国旅行。	
1765年	英国的技术工人瓦特改良蒸汽机。		
1767年	▲瓦特制造的蒸汽机	44岁时，回到故乡寇克卡迪。	
1774年	德国文学家歌德发表作品《少年维特之烦恼》。		
1775年	美国为了摆脱英国的殖民统治开启独立战争。		
1776年	美国发表《独立宣言》。	53岁时，发表《国富论》。	中国清朝乾隆平定大小金川叛乱。
1777年		54岁时，被任命为苏格兰海关关税专员。	
1787年		64岁时，成为格拉斯哥大学校长。	
1790年		67岁时去世。	

古时候，人们曾以盐作为货币。现在，人们为什么不再用盐当货币呢？

请写一写你的想法。

亚当·斯密多次强调为别人着想的"同情"。假如没有"同情"，我们的社会将会出现什么问题呢？

请写一写你的想法。

> 我很少见到那些打着为民众造福旗号行事的人真的能有所作为的。

抄写一遍这句名言，思考一下它的含义。

个人追求自己的利益，结果也提升了社会的利益，而且这比他一心要提升社会利益时更有效。

抄写一遍这句名言，思考一下它的含义。

Important Message

> 只有这样，名为经济的"齿轮"才会在私心这个"润滑油"的帮助下奇迹般地灵活运转。

抄写一遍这句名言，思考一下它的含义。

文｜Goodwill 哲学研究所

　　Goodwill 哲学研究所创立于 2006 年 10 月。创立人员主要以哲学教育和研究经验丰富的教师为主。他们的宗旨是为小学、初高中生及一些哲学论述教育家们，提供关于创意性思考能力的优质教育内容。Goodwill 哲学研究所以专业的学问为基础，横跨人文和自然领域，致力于传播当今哲学和论述教育所需的整体性、综合性的知识。

※ Goodwill 意为善意，相信人性本善，所以在为每个人都能活出个人样而努力。

研究委员

　　金南寿（毕业于延世大学哲学专业、Goodwill 哲学研究所所长）

　　金东国（首尔大学美学硕士）

　　金彩林（首尔大学美学硕士）

　　李静雅（延世大学英国文学教师）

　　朴启浩（高丽大学教育学硕士）

　　夏金红（东国大学物理学硕士）

　　徐志英（中央大学德国文学博士）

　　韩正阳（江原大学韩语教育学硕士）

图｜崔尚奎

　　曾荣获 LG 东亚国际漫画展、韩国出版美术家协会插画家大奖赛传统童话奖项，现活跃在卡通、漫画、插画等多个领域。

角色设定｜刘南英

　　毕业于漫画专业，活跃在角色设计和插画领域，致力于给人们传播快乐、梦想及希望。

图字： 01-2022-5699

图书在版编目（ＣＩＰ）数据

像哲学家一样思考. 第二辑. 亚当·斯密 / 韩国 Goodwill 哲学研究所编著；
千日译. — 北京：东方出版社, 2023.3
  ISBN 978-7-5207-2072-4

Ⅰ.①像… Ⅱ.①韩…②千… Ⅲ.①亚当·斯密 (Adam Smith 1723-1790) —
哲学思想—青少年读物 Ⅳ.① B-49

中国版本图书馆 CIP 数据核字 (2022) 第 221568 号

像哲学家一样思考（第二辑）：亚当·斯密
XIANG ZHEXUEJIA YIYANG SIKAO DI ER JI : YADANG SIMI
作　　者：［韩］Goodwill 哲学研究所
译　　者：千日

策划编辑：鲁艳芳
责任编辑：王晶晶
出　　版：东方出版社
发　　行：人民东方出版传媒有限公司
地　　址：北京市东城区朝阳门内大街 166 号
邮　　编：100010
印　　刷：天津图文方嘉印刷有限公司
版　　次：2023 年 3 月第 1 版
印　　次：2023 年 3 月北京第 1 次印刷
开　　本：880 毫米 ×1230 毫米　1/32
印　　张：3.75
字　　数：36 千字
书　　号：ISBN 978-7-5207-2072-4
定　　价：180.00 元（全 6 册）
发行电话：（010）85924663　85924644　85924641

如何分辨善恶

康德

［韩］Goodwill 哲学研究所 / 编著

千日 / 译

人民东方出版传媒
People's Oriental Publishing & Media

东方出版社
The Oriental Press

目 录

有两种东西，我对它们的思考越是深沉和持久，它们在我心灵中唤起的惊奇和敬畏就越历久弥新：一个是我们头顶浩瀚的星空；另一个就是我们心中的道德法则。

6

当所有人都认为太阳绕着地球转时，

哥白尼却大声说是地球绕着太阳转。

康德说："我的哲学是哥白尼式革命。

要学会转换思维方式，

就像转动的是地球而不是太阳一样。"

康德平生都没有离开过故乡。

他的一生过得十分安静和平凡。

但大器晚成的他用批判三部著作改变了

西方哲学的前进方向和进程。

康德究竟是一个什么样的人呢？

诚实的职业哲学家
——康德

矮小、驼背的哲学家康德，却是西方哲学史上一位伟大的巨人。

下面就让我们一起进入康德踏踏实实的人生中一探究竟吧。

人生

时代

思想

名言

时事

01

贫困的幼年时期

伊曼努尔·康德（Immanuel Kant）1724 年 4 月 22 日生于东普鲁士。普鲁士位于法国和俄罗斯之间。

普鲁士周边分布着数百个城邦，其中普鲁士的面积最大，实力也最强。1871 年，普鲁士和其周边的 22 个城邦联合起来建立了德意志帝国。

早在很久以前，英国和法国就以国王为中心，各自建立了国家，唯独德国一直分裂为很多小城邦，以至于实力远不如英国和法国。德国建立的时间是 1871 年，是康德去世很久之后的事情。因此，我们现在虽然称康德为德国哲学家，但在当时康德算是普鲁士的哲学家。

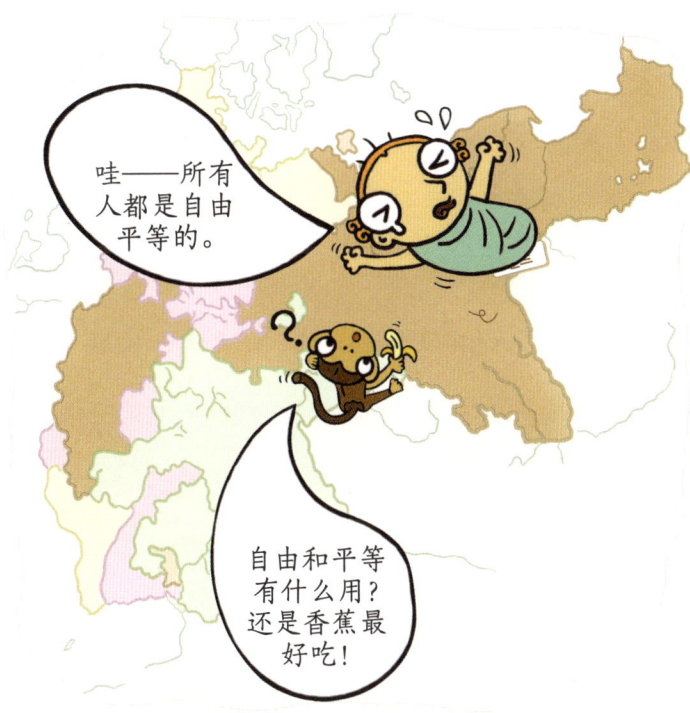

哇——所有人都是自由平等的。

自由和平等有什么用？还是香蕉最好吃！

康德出生的地方是一个名叫柯尼斯堡的城市。柯尼斯堡虽然是东普鲁士的首府，但其实只是一个人口不到五万的小城，而且康德平生都没有离开过这个地方。

康德的父亲是一名制作马具的普通工匠，并且有子女十二人，所以他们一家人的生活十分困苦。出生在这样的家庭，上学对于康德来说是一件连做梦都不敢想的事情。

但是受到当时著名基督教教派——虔信派①信徒母亲的影响，康德在八岁的时候进入了虔信派的一所学校。

一般来说，天才往往从年幼的时候就开始崭露头角，但小时候的康德却十分平凡，甚至更倾向于问题儿童。

小时候的康德不喜欢严格的学校氛围，对

① 虔信派：17世纪到18世纪在基督教中兴起的一种派别，寻求将实践与神秘两股趋向结合在一起，以代替正统派那种过度系统化的教义所导致的僵化仪文。

教学内容也不感兴趣。甚至在上学的途中，因为贪玩而忘记拿书包，空手进入教室的事情也时有发生。不过康德也有喜欢的科目，那就是拉丁语。

1740年，十六岁的康德考上了柯尼斯堡大学。虽然选择的是神学专业，但康德更喜欢数学、物理学、哲学等科目。

由于家境贫寒，康德过得十分困苦。据说，每次衣服破了，要拿去修补的时候，他都会委托朋友帮忙。因为他只有一件衣服，脱了就没办法出门了。

在康德十三岁和二十二岁的时候，他的母亲和父亲相继离世，随后他的生活变得更加艰难。为了赚取学费，他不得不休学去做家庭教师。这样的生活持续了整整九年，以至于三十一岁的时候，康德才回到学校取得硕士学位和博士学位。

毕业之后，康德在柯尼斯堡大学担任讲师。这里所说的讲师并非指从学校领取工资的讲师，而是指从学生手中收取讲课费度日的讲师。讲师想要赚到更多的钱，只能给更多的学生讲更多的课，因此除了哲学之外，康德不得不在数学、物理学等多个领域进行授课。

这也是康德与其他哲学家的区别。康德之前的哲学家大致可以分为两种类型：一种是家境优越，只是出于兴趣学习哲学；另一种是一边参加工作，一边研究哲学。康德的情况却与他们不同。康德是通过教授哲学知识来赚取生活费的，即哲学家是他的职业。换句话说，他是一位职业哲学家。

康德做了整整15年的讲师。虽然其间也有其他大学向他抛出橄榄枝，但都被他拒绝了。因为他真正希望的是留在自己的母校——柯尼斯堡大学当教授。

德国古迹之都——德累斯顿

　　康德是引领德国哲学走进世界哲学的代表人物。如今的德累斯顿是在二次战争废墟上重建的城市，涅槃重生的古建筑群让我们得以大致推测出康德所生活的 18 世纪的风貌。

1766 年，康德终于在母校获得一份工作，但不是教授，而是一名图书馆管理员。1770 年，四十六岁的康德才当上柯尼斯堡大学的教授。

也是从那时起，康德才开始专注于学术研究和写作。他持之以恒地恪守自己的生活规则，钻研学问，历经 11 年的努力，分别于 1781 年、1788 年、1790 年发表了《纯粹理性批判》《实践理性批判》《判断力批判》三部著作。

《纯粹理性批判》在刚刚发表时并没有受到人们的关注。直到过了几年之后，这部作品才在德国哲学界引发热议，而康德所研究的哲学主题也开始受到周边各国的关注。

关于康德的三大批判的内容会从第 38 页开始讲起。

康德在写作时追求严谨、周密，所以他的作品读起来十分晦涩难懂，甚至很多人读到一

半就不得不放弃。

康德的作品虽然晦涩难懂，但他讲课的风格却通俗易懂、很风趣，因此很多学生在听过他的课之后都疯狂地去学习他的哲学。随着想要听他讲课的学生不断增多，他的名气也逐渐上升，赚到的钱也多了起来。最终，他的薪水甚至达到德国国内的顶尖水平。

比时钟还准的康德的外出

哲学家之路

　　传闻康德在生活方面十分自律：每天早上雷打不动地五点起床准备授课内容，从七点开始正式讲课；授课结束后，开始做学术研究和写作，到了下午五点就出门散步。他的生活习惯规律到近乎苛刻，以至于周边的人都会根据他出门散步的时间来对表。后来人们还将他平时散步的路命名为"哲学家之路"。不过也有一回康德的时间表被打乱了几天，而事情的起因竟然是一本书。

那本书就是法国的哲学家卢梭发表的教育著作——《爱弥儿》。康德太喜欢这本书，以至于拿起来就舍不得放下，所以一连几天都没去散步。

康德专注于研究学问，所以终身未娶。他的学识十分丰富，曾两次被推选为大学校长。

七十二岁从大学退休之后，康德也没有放弃钻研学问。1804 年，康德离开人世，享年八十岁。临终前，他留下了一句话：

"啊，真好！"

也许只有一生没留下遗憾的人才能说出这样的临终之言。

传闻在康德葬礼当天，有数千人走上大街哀悼他。康德一生从未踏出柯尼斯堡一步，死

后也被葬在柯尼斯堡。他的墓碑上刻着《实践理性批判》中的最后一段话：

有两种东西，我对它们的思考越是深沉和持久，它们在我心灵中唤起的惊奇和敬畏就越历久弥新：一个是我们头顶浩瀚的星空；另一个就是我们心中的道德法则。

也许这段话最能体现出康德的哲学思想，所以人们才会将它刻在康德的墓碑上。

知识要点

- 成为母校柯尼斯堡大学的教授之后，康德开始专注于学术研究和写作。11 年后，康德首次发表自己的代表作《纯粹理性批判》，之后又陆续发表《实践理性批判》和《判断力批判》。
- 康德是一个在生活方面十分自律的人。每天下午五点，他都准时出门散步，以至于周边的人都会根据他出门的时间来对表。不过，有一回康德一连几天都忘记出门散步，而起因是沉迷于阅读卢梭的《爱弥儿》。

让康德忘记散步的《爱弥儿》是一部什么样的书

　　《爱弥儿》是主张回归自然的哲学家卢梭的作品，是一本教育论和小说结合的新形态的教育书。书中包含了"教育的目的在于培养人"的卢梭的自然主义教育思想。

　　根据主人公爱弥儿生理和心理成长阶段，这本书共分为五个部分：婴儿期、儿童期、少年期、青春期及婚姻阶段。书中，曾是孤儿的爱弥儿在家庭教师的教育下成长为一个自然、自主的人。

　　通过《爱弥儿》，卢梭强调只有贴近自然状态的教育才是真正的教育。他表示当一个手无缚鸡之力的人接受全心全意的教育时，就能成长为一个足以改变社会的人。有趣的是，卢梭本人却将自己的五个子女全都送进孤儿院。尽管事后他也对自己的行为感到羞愧不已，但一个连自己子女的教育都不闻不问的人居然堂而皇之地谈论"教育"，被人批评也就不足为奇了。

《爱弥儿》的作者——哲学家卢梭

　　卢梭（1712—1778）法国哲学家，奠定了感性重于理性的浪漫主义基础。他认为人性本善，只不过社会和文明导致了人类的堕落，同时提出回归自然的主张。

摆脱未成年时代

康德十分重视人类的思想，也就是理性的研究。

当时提倡相信人类理性力量的启蒙主义十分活跃。那么，启蒙主义是在何种背景下诞生的呢？他们想要建立的又是什么样的社会呢？

人生

时代

思想

名言

时事

01

照亮黑暗的启蒙主义

在康德生活的 18 世纪，欧洲启蒙主义运动十分活跃。启蒙主义是以法国为中心兴起的思想运动，其中的"启蒙"一词源于"照亮（enlighten）"。

启蒙就是照亮被困在黑暗中的人类。这里的"黑暗"指的是传统的权威、秩序及压迫。即启蒙主义思想的核心是反对基督教的信仰主

义，追求自由研究学术的氛围。

随着科学技术的发展，人们对自然的了解越发深入促成了启蒙运动。

中世纪以后，欧洲的各个领域都有了长

足的发展，其中科学技术的进步最为明显。典型的例子是出现了地球绕着太阳运转的"日心说"，这给原本相信地球是宇宙中心的人们带来了很大的冲击。另外，牛顿也主张宇宙中的天体会根据万有引力定律一直运动下去，上帝不会做任何干涉。这就为以上帝为中心的宇宙观画上了句号。

此外，发现血液循环原理的生理学家威廉·哈维、发现气体体积与压力关系的波义耳等人也带动了科学的进步。

科学的进步对于人类有很重要的意义。首先，人类获得了能够通过自己的能力了解自然的信心。也就是对人类"理性"的信心。"理性"是指人类最高级的认识活动能力，而康德认为人类天生具有理性。

科学的进步对哲学也产生了影响。在中世纪和中世纪之前，所谓的学问只有一种，也就是围绕古希腊哲学和《圣经》发展出来的神学，而且没有人违逆。

科学是一门通过实验帮助人类鉴别对与错的学问。而人们对科学的态度最终影响到哲学，使得人们对哲学产生了疑问。最典型的例子就是培根为了批评亚里士多德的《工具论》而发表《新工具》的事情。

在这样的氛围下，启蒙主义诞生了。因为随着科学的发展，人们觉得可以靠自己的理性解决现实中遇到的问题，这种自信为启蒙主义的出现奠定了基础。

02

启蒙君主——
腓特烈大帝

　　在康德生活的普鲁士也掀起了启蒙主义的风潮。为普鲁士的启蒙主义发展提供便利的国王，便是留下名言"我是这个国家的第一公仆"的腓特烈二世。

　　腓特烈二世从小就对诗歌、音乐等艺术和学术抱有极大的兴趣。不过他的这种行为遭到

了他的父亲腓特烈·威廉一世的强烈不满。

腓特烈·威廉一世的性格与他的儿子截然相反，他比较欣赏有男子气概的人，而且更注重实用性强的东西。父子之间的性格相差如此之大，产生矛盾就不足为奇了。

忍无可忍的王子决定逃离普鲁士王国，但计划尚未实施就被人发现了。

事后，一起参与逃离计划的朋友在王子的眼前被处死。国王原本打算连同自己的儿子一起处决，但遭到周围人的反对，最终决定将其关押到牢房里。

腓特烈·威廉一世虽然对自己的儿子十分严格，却通过整顿军队加强军事力量，反对奢侈和浪费，提高了王国的财政收入。他的这种举措对日后腓特烈二世带领普鲁士走向强盛提供了很大的帮助。

1740 年，腓特烈二世继承王位。大约是在康德考入大学后，腓特烈二世开始实施与其父亲完全不同的政策。他废除刑讯，并成立学术机构——柏林科学院。此外，他不仅邀请很多国外学者，还实施十分开明的宗教政策，甚至公开鼓励宗教信仰自由。

腓特烈二世与法国的启蒙思想家伏尔泰相交甚密。他将伏尔泰邀请到王宫生活了三年，一有时间就与伏尔泰促膝长谈，或向对方请教写作方面的问题。

腓特烈二世虽然喜欢学术和艺术，但也不是完全将国家大事抛于脑后。在腓特烈二世的带领下，普鲁士很快成为欧洲列强之一。腓特

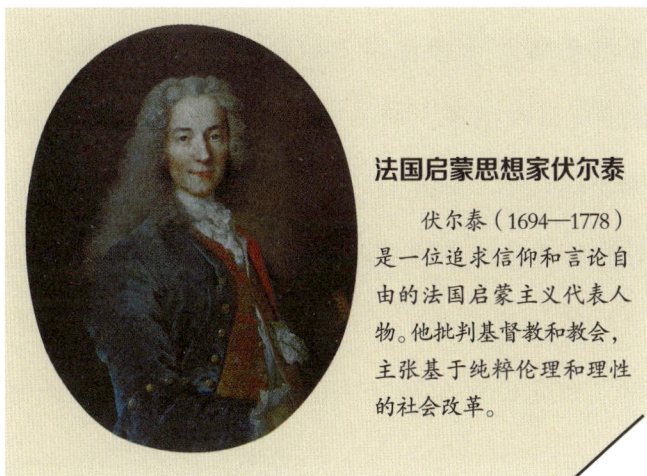

法国启蒙思想家伏尔泰

伏尔泰（1694—1778）是一位追求信仰和言论自由的法国启蒙主义代表人物。他批判基督教和教会，主张基于纯粹伦理和理性的社会改革。

烈二世利用父亲遗留下来的精锐军队扩张领土，还多次在与法国、俄罗斯等国家的战争中获胜。重要的是他并不是待在安全的宫殿中指挥军队，而是亲自带领军队参与战争，因此深受士兵们的尊敬和拥护。

正是因为腓特烈二世为普鲁士的强大打下坚实的基础，百年之后德国才能以普鲁士为中心完成统一。由于他的功绩显赫，后世尊称他为"腓特烈大帝"。

腓特烈二世也被称为"启蒙君主"。法国著名国王路易十四把国王的权力发展至巅峰，还放出"朕即国家"的豪言；反观腓特烈二世，他谦虚地表示"我是这个国家的第一公仆"。只能说腓特烈二世不愧是推行启蒙主义的启蒙君主。

腓特烈二世于1786年去世，由于他没有子嗣，只能由他的侄子——腓特烈·威廉二世继承王位。

演奏长笛的腓特烈大帝

　　传闻腓特烈二世（1712—1786）从小喜欢穿华丽的衣裳。成为国王后，他带领普鲁士王国成为欧洲列强之一。此外，腓特烈二世还是一名演奏家、作曲家。

不同于腓特烈二世，腓特烈·威廉二世对文学和学术不感兴趣，而对信仰十分重视。他认为国家想要维持稳定，人民的信仰必须坚定，因此将启蒙思想视为威胁国家稳定的因素。出于这一判断，他不仅反对启蒙主义，还限制宗教自由。例如，有人想要写一些关于宗教的文章或进行有关宗教的演讲，都必须提前接受审核。

当时康德打算把《单纯理性界限内的宗教》中的部分内容刊登到杂志上，但他向来对任何研究都强调理性，所以书中自然包含一些批评宗教神秘的内容，加上他用过于理性的眼光看待宗教，所以从传统宗教的立场来说，这本书中的很多内容都存在问题。最终，康德的作品没能通过审核，也没能登上杂志。不过康德并没有就此屈服，而是在其他地方出版了这本书。

但让康德没想到的是，负责教育的大臣竟

然给他发来了一封国王亲笔署名的信函，信函的内容是劝告他不要再写关于教会的文章，也不要再进行与教会相关的演讲。直到 1797 年，腓特烈·威廉二世去世后，康德才得以尽情地写作。

知识要点

- 在康德所生活的 18 世纪欧洲，启蒙运动十分活跃。
- 启蒙主义思想是指尊重人类理性、打破迷信或旧制度，从而促进人类社会无限进步的一种思想。
- 普鲁士的国王——腓特烈二世对启蒙思想的发展产生了很大的影响。他留下"我是这个国家的第一公仆"的名言，被后世尊称为"启蒙君主"。

弱小的普鲁士成为欧洲强国

在现代人们的印象中德国是无可争议的强国，但在 18 世纪之前，德国的前身——普鲁士王国却是一个无比弱小的国家。普鲁士于 1701 年建立，相较于其他欧洲国家，历史不长，是一个微不足道的小国。

但在有着"士兵王"之称的腓特烈·威廉一世时代，普鲁士的军事力量大大加强，后来又在腓特烈二世时期参加奥地利王位继承战争并获胜，从而成为欧洲列强之一。

此外，在看到当时的欧洲强国英国和法国社会中有启蒙运动活跃的迹象后，腓特烈二世十分开明地接纳启蒙思想，从而促进了国家的发展。

位于德国柏林的腓特烈二世铜像

　　腓特烈二世（1712—1786）主动学习启蒙主义思想并将其应用到社会改革中，从而带动国家发展，使得后世尊称他为"启蒙君主"。他曾留下"我是这个国家的第一公仆"的名言。

什么是理性

我们是如何获得知识的？

是什么让我们付诸行动？

为了寻找能够解释这一切的答案，康德开始了孜孜不倦的研究。

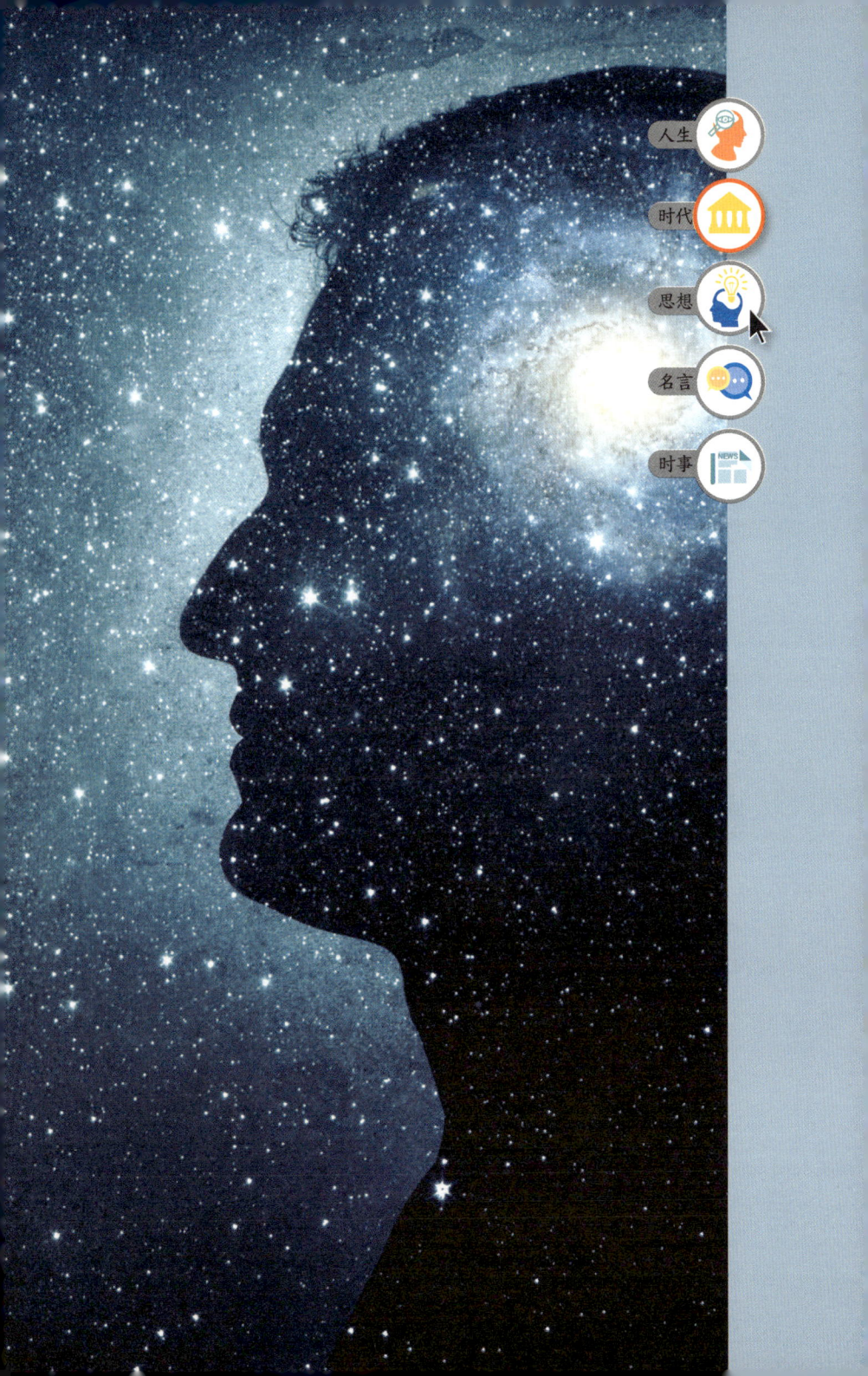

人生

时代

思想

名言

时事

01

什么是人

什么是人？

只要有脑袋和四肢就是人类吗？这样的特征猴子也有。因此，我们不能只凭外貌来区别人与其他事物。

在回答"什么是人"这个问题时，我们不能说人的长相，而是应该阐述人具有何种特征。

康德认为人是一种理性的存在。如此一来，

我们又会产生另一个疑问：什么是理性？对此，康德是这样解释的：

"它是上帝赐给人类的最高贵的礼物。"

但实际上康德对理性抱有很强的警惕心。他认为理性是一把双刃剑，用得好是"良药"，用不好就是"毒药"。

例如，人类可以利用理性解开各种复杂的数学题或创造物理公式，但人类的理性再突出，也无法解答上帝是怎么形成的、我们死后会进入何种世界等问题。然而当时很多人都在肆无忌惮地谈论着人死后前往的世界。

于是康德觉得有必要区分一下理性可以办到的事情和办不到的事情。

为了更加充分地了解理性，康德提出了三个问题：

第一，我能够知道什么？

第二，我应该做什么？

第三，我可以希望什么？

康德试图通过这三个问题，区分人类的理性能够知道的东西和无法知道的东西，人类凭借理性该做的事情和不该做的事情，以及人类通过理性可以希望的东西和不可以希望的东西。这些是康德在深入了解性的同时想要深究的问题。

这里康德所说的希望指的是一种预想。预想和妄想是不同的概念。要想预想一件事情，就得有这么预想的根据，同时还需要调查用来证明该根据的事例及寻找适用于所有事例的原理的能力。

康德用他所写的三大批判作品回答了这三个问题。

对于"我能够知道什么""我应该做什么""我可以希望什么"这三个问题的答案，我们分别可以在《纯粹理性批判》《实践理性批判》《判断力批判》中寻找到。

这里所说的批判并不是反对，而是"考察"。即康德的三大批判作品是他从三个侧面对"什么是人"这一问题进行考察的内容。

02

发现纯粹理性的康德

《纯粹理性批判》阐述的是"我能够知道什么"的问题。

按照康德式的理解，"我能够知道什么"等于"什么是纯粹理性"的提问；而"纯粹理性的边界"则等于"我能知道的都有什么"的提问。可既然这么容易解释，那康德为何还要使用"纯粹理性"这种晦涩的词呢？

因为这是康德找出来的最准确、最简洁的单词。毕竟明明可以写成"人类拥有纯粹理性",又何必多此一举地写成"人类拥有'我能够知道的'"这般啰唆、复杂呢?况且给事物取名字也是哲学家的本职工作。

假如我们知道什么,那我们又是如何知道的呢?或者说,我们是通过什么办法获得知识的呢?是不是只要认真学习就可以呢?

"我们能知道什么"的问题其实并不容易解释。

经验论和唯理论

对于获得知识的方法,康德之前的哲学家们的意见分成两种,分别是唯理论和经验论。

唯理论主张只能通过人类理性获得知识;经验论主张只能通过经验获得知识。

主张唯理论的哲学家代表人物有笛卡尔、

斯宾诺莎、莱布尼茨等人,他们所生活的地方分别是法国、荷兰及德国,属于英国之外的欧洲地区;而主张经验论的洛克、休谟、培根等人则都是英国人。因此,我们也称它们为"英国的经验论与欧洲大陆的唯理论"。

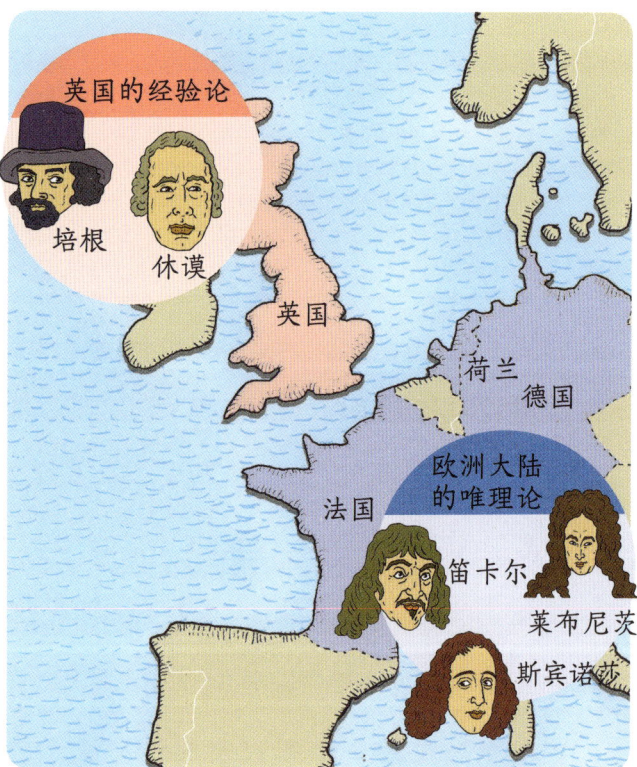

至于唯理论和经验论的区别，我们可以通过以下的例子进行了解。

在获得"三角形的三个内角和是180度"的知识时，经验论者会拿着量角器一一测量三角形内角的度数，而唯理论者则会通过数学公式来获得三个内角之和。唯理论者们还会声称自己使用的方法比用量角器测量的更加准确。理由是量角器在制作过程中可能会出现错误。

另外，在解释直线概念的时候，他们的角度也不一样。经验论者会描述说直线是用尺子测量时不弯曲的、笔直的线；而唯理论者则会描述说直线是连接两个点的距离最短的线，因为那是当时直线的公式。

唯理论者认为人类从经验中获得的知识是不可靠的。比如，在测量水温时，如果用手来量的话，结果根本就不准确。因为手凉时，接触常温的水会有暖和的感觉；而手热时，接触常温的水则会产生凉爽的感觉。

作为唯理论者，笛卡尔指出人类通过感觉获得的经验是绝对不可信的。因为视觉、触觉、听觉、嗅觉、味觉等感觉会因人而异，而且兴趣等因素也会对最终结果产生很大的影响。

比如自己觉得好吃的食物，别人吃着未必觉得好吃；自己觉得好闻的味道对别人来说可能是难闻的。

笛卡尔曾说："我思，故我在。"这句话可以解释为，世间的一切都可以怀疑，除了正在怀疑（思考）这件事时的怀疑本身（精神）。

经验论者与唯理论者正好相反，主张只有通过经验才能获得知识。他们认为人刚出生时纯净如一张白纸，会随着人生经历的增多，不断积累各种知识。

最具代表性的经验论者就是培根，他留下了一句经典名言："知识就是力量。"培根重视通

经验论者——培根

培根（1561—1626）
是英国的政治家、哲学
家及经验论的先驱者。
他创立的基于实验和
观察的归纳法，对近代
科学的方法论产生了
很大的影响。

过观察和实验得出结果，批评唯理论者像蜘蛛，
认为他们无视经验，只知道抽取自己脑子里的
知识，不懂得创造新的知识。

所有人都会死。

苏格拉底是人。

所以苏格拉底会死。

就如上面这段内容一样，先在脑海中下定结论，然后再代入具体的事项的方法，我们称之为"演绎法"。演绎法是唯理论者们常用的逻辑。唯理论者们会基于理性，建立逻辑关系进行判断。

在演绎法中，"所有人都会死"的事实会摆在最前面，然后根据它再得出苏格拉底这个特定的人最终会死去的结论。但事实上，只根据"所有人都会死"和"苏格拉底是人"，我们也能知道苏格拉底会死的事实。

因此，"苏格拉底会死"是我们早已知道的知识，而非新获得的知识。难以获得新知识是唯理论的最大缺陷。

那么，经验论是否能够通过经验获得更多的知识呢？经验是否等于知识呢？

经验论者们往往通过与演绎法相反的归纳法来获得知识。归纳法是通过总结对每一个事

件的观察结果来获得知识的方法。那么，如何
用归纳法来证明"所有人都会死"这件事呢？

　　　　苏格拉底死了。

　　　　柏拉图死了。

　　　　亚里士多德也死了。

　　　　……

　　答案是要按照上述的方法确认全世界的人
都会死的事实，否则根本无法确定是否所有人
都会死。

　　如我们所见，太过强调经验同样无法得出
确切的结论。这也是经验论遭人诟病的原因之
一。不过有一位叫约翰·斯图尔特·密尔[①]的英

---

① 　约翰·斯图尔特·密尔（1806—1873）：19世纪英国的哲学
家、经济学家、自由主义代表人物。密尔一生都站在自由主义激
进派的立场上，追求社会改革。

国哲学家提出了"自然界的进程是齐一的",公开支持经验论。

"自然界的进程是齐一的"这一主张与归纳法和经验论又有什么关联呢?如果自然现象进行时,其最终方向是不变的,就没必要调查所有的事例。因为只要调查其中的部分事例,就能找出其中的规律,再将其套用到所有的事例中。

密尔的意思是想要证明"所有人都会死"这一事实,我们没必要确认所有人的死,只需根据苏格拉底的死、柏拉图的死及亚里士多德的死来推断出所有人都会死的结果就可以。毕竟自然界的进程是齐一的。

不过很快有人对此提出了不同的看法。英国哲学家罗素利用鸡的寓言指出了归纳法的缺点。

寓言的内容是这样的:养鸡人每天定时敲

演绎法 （唯理 论者）	所有人都会死。 苏格拉底是人。 所以苏格拉底会死。
归纳法 （经验 论者）	苏格拉底死了。 柏拉图死了。 亚里士多德也死了。 …… 所以所有人都会死。

钟，然后给鸡投喂饲料。经过多次重复之后，鸡会总结（归纳）出钟声响起后就有东西吃的事实。然而鸡的推理不一定每次都准确，因为钟声响起的结果也有可能是主人打算把鸡宰了吃掉。因此，即使归纳再多的事例推出结论，

MARCH 29, 1999　$3.95　　　　　　　　　　　www.time.com

THE CENTURY'S GREATEST MINDS

TIME

100

The fourth in our series on the 100 most influential people of the century looks at Scientists & Thinkers

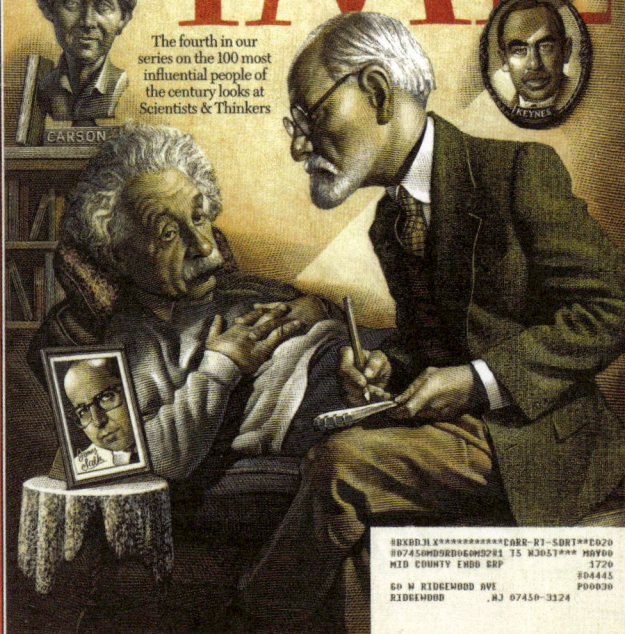

CARSON

KEYNES

被评选为 20 世纪最有影响力的人物之一的罗素

　　罗素（1872—1970）是英国的哲学家、数学家。他的影响力覆盖了哲学、社会、科学、伦理、历史、政治等方面。值得一提的是，罗素在数学逻辑学方面有很深的造诣，留下了《数学原理》等大量著作。他曾被《时代周刊》评选为 20 世纪最具影响力的人物之一。上方杂志封面中坐着的人物就是罗素。

其结果也有可能是错误的。

由此可见，唯理论和经验论不仅相反，而且都具有各自的缺点。

康德分别指出了经验论和唯理论的缺点，并表示："直观无概念是盲的；思维无直观是空的。"他将二者结合起来，提出通过人类经验获得知识的方法。

康德表示人类天生认识事物的能力，也就是不用通过教育或经验获得的能力是纯粹理性。另外，他还认为我们通常所说的理性的正确概念就是纯粹理性。

早在康德出生前的 1687 年，牛顿就发表了一本名为《自然哲学的数学原理》的作品。在这本书中，牛顿结合数学对自然进行了科学的说明，并完成了万有引力定律。后来，牛顿成为全欧洲最为瞩目的学者，同时对人们看待人类和自然的观点产生了很大的影响。另外，牛顿还担任过英国科学中心——皇家学会的会长。

如今我们可以很自然地接受牛顿的思想，也认为可以通过科学的方式解释自然和社会中发生的各种现象。但在牛顿之前，人们是如何看待这些问题的呢？

早在古希腊时期，哲学家们就已经开始思考"世界由什么构成""人类应该做什么"的问题，只不过当时是围绕着神，以宗教的方式进行解释的。

而在牛顿出现之后，哲学家们就用科学代替了宗教，开始以人的眼光看待世界。从这个角度来说，牛顿的出现具有重大的意义。另外，相较于宗教的教义，牛顿发现的万有引力定律显然能更加准确地解释宇宙的运行规律。

康德同样受到了牛顿的影响，他将牛顿的发现视为真理。不过牛顿的发现也是利用了人

牛顿的研究笔记和《自然哲学的数学原理》

该书由牛顿于 1687 年发表，共三卷，是引发西方社会科学革命的作品之一。牛顿的笔记和 1687 年的《自然哲学的数学原理》初版印刷品被英国列为国宝级文物。

类理性的结果，因此康德要做的便是考察牛顿的理论中人类理性的具体作用。

通过经验，我们可以得知夏天热、秋天凉、冬天冷的事实，也就是说通过感觉察觉出来的。感觉包含视觉、触觉、听觉、味觉、嗅觉等感

受。假如没有这些感觉，人们对外部的世界很难形成认知。

然而人类仅通过这些感觉获得的资料是无法形成知识的。例如，我们虽然经历了天气冷的情况，但没有将其与季节变化联系起来会如何呢？我们将无法知晓夏天热、冬天冷的道理。

因此，只有将通过感觉获得的资料进行整理和总结，它才能成为真正的知识。而想要做到这一点，首先得有一定的框架，也就是得有一个形式。康德认为人类先天具有一种思想框架，也就是纯粹理性。

康德的十二范畴

为了证明人类拥有纯粹理性的事实，康德提出了十二种方法。这十二种框架被康德命名为"范畴"。这些范畴不仅是思想的框架，还是解释世界的框架。

按照康德的理解，人类从出生时就具有这种思想框架，然后将通过感觉获得的资料进行整理和总结。

举个例子。大家先看一看"这根圆珠笔是红色的"这句话中藏有何种框架。

"这根圆珠笔是红色的"指的就是"这根"圆珠笔，而并非所有的圆珠笔或部分圆珠笔。另外，在圆珠笔拥有的所有色彩中，也指出是"红色"，从而讲明圆珠笔和红色的关系。此外，这句话还明示了"圆珠笔是红色"的当前状态。

首先，在看到圆珠笔后，我们的纯粹理性会整理出"此时在这里的是圆珠笔"和"这是红色的"的结论。实际上，我们平时说话时也不会加一句"此时在这里"，但它指的就是此时此刻眼前的圆珠笔。

十二范畴

量	所有的 A 是 B。 少数的 A 是 B。 ●这个 A 是 B。
质	●A 是 B。 A 不是 B。 A 不一定是 B。
关系	●A 是 B。 假如 A 是 B，C 就是 D。 A 是 B 或 C。
模态	A 可以是 B。 ●A 是 B。 A 必须是 B。

●表示例句"这根圆珠笔是红色的"中的范畴

这就是我们脑海里的纯粹理性。

汪

好神奇啊！

证明纯粹理性存在的康德

　　位于康德的故乡——柯尼斯堡的康德铜像。康德平生居住在小村庄里研究学术，最终开启了近代哲学的历史。柯尼斯堡于1946年更名为加里宁格勒。

总之，人类通过感觉获得的资料，我们称之为经验。没有经验，我们就无法获得知识，但经验本身并不等于知识。正是因为人类拥有纯粹理性，所以才能通过它将经验转换为知识。

03

我应该做什么

康德在"我能够知道什么"之后思考的是"我应该做什么"的问题。毕竟认知之后就得实践。

所有人都在行动中生活，因此我们必然要具备应该做什么和不应该做什么的"实践理性"。

对于康德来说，实践理性是一种道德准则。

即康德认为，我们"应该做的事情"是善良的事情；而"不应该做的事情"是违背道德的事情。

那么康德强调的是否就是让我们做善良的事情？

让我们再次思考一下什么是哲学。哲学是一门研究人类的学问。比如，它会研究什么是人类、人类能做什么、人类应该做什么及人类和人类之外的世界有什么关系等问题。其中，人类应该做什么是我们在生活中经常会遇到的问题。

康德同样思考过人应该做什么的问题。他在《实践理性批判》一书中讲述的就是这个问题。人不仅拥有认识事物的先验形式——纯粹理性，还拥有一种实践理性，因此很喜欢做善事。

但想要做善事，首先要明白什么是善事。

例如，一个小偷在看到路边停着一辆汽车后，决定偷取汽车里的物品，因此用石头砸碎车窗，打量汽车内部的情况。

汽车里关着一个小孩。如果长时间待在封闭的汽车里，小孩随时都有可能窒息而亡，但

因为车窗被小偷打碎，小孩最终保住了性命。那么，此时小偷的行为是否是善举呢？

按照康德的理解，这个人的行为并不是善举。因为判断一个人的行为是否是善举，并不是由行为造成的结果决定的，而是由做出这种行为的动机决定的。

但小偷的行为毕竟拯救了孩子的性命，是否也能看作是一种善举呢？无关动机，很多事情的结果都是好的。

但若是按照这种方式进行思考，我们永远找不到可以适用的原则。如此一来，我们也无法判断什么是善良的行为。

判断行为是否善良的标准不能因为具体的人和情况发生改变。例如，对于"人应该怎么活"的提问，以前的哲学家的回答是"要活得幸福"。但对于幸福，每个人心中都有不同的答案，因此它无法成为适用性强的普遍原则。

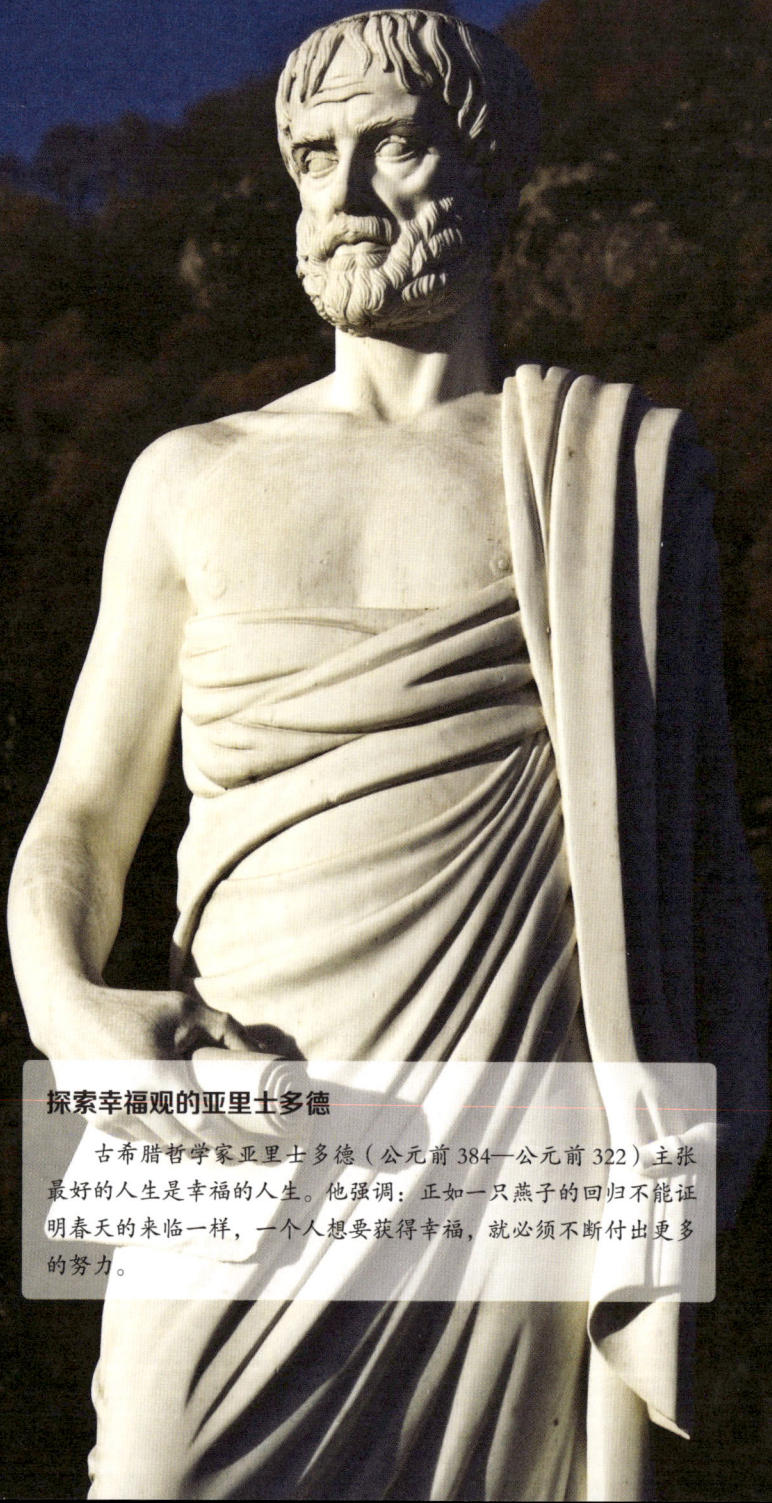

探索幸福观的亚里士多德

古希腊哲学家亚里士多德（公元前384—公元前322）主张最好的人生是幸福的人生。他强调：正如一只燕子的回归不能证明春天的来临一样，一个人想要获得幸福，就必须不断付出更多的努力。

按照康德的理解，善良的行为是人类应该做的事情。它是一种没必要过多解释的、必须做的事情。因此，在辨别一个行为是否是善举时，不能考虑个别的情况或缘由。也就是说，出于自己利益考虑做出来的事情无法称为善良的行为。

不过若是按照康德的话，必须行善的义务是否会成为限制人类行为的枷锁呢？人类是否会因此而失去自由呢？

我们思考一下它是否真的会让人失去自由。行善之人，即行善的主体是什么呢？主体是人。判断行为是否善良的人又是谁呢？答案依然是人。即人拥有自行判断什么是善举，然后付诸行动的自由。

自行判断什么是善良，再根据这个判断付诸行动……看来，活成一个善良的人并不是一件容易的事情。

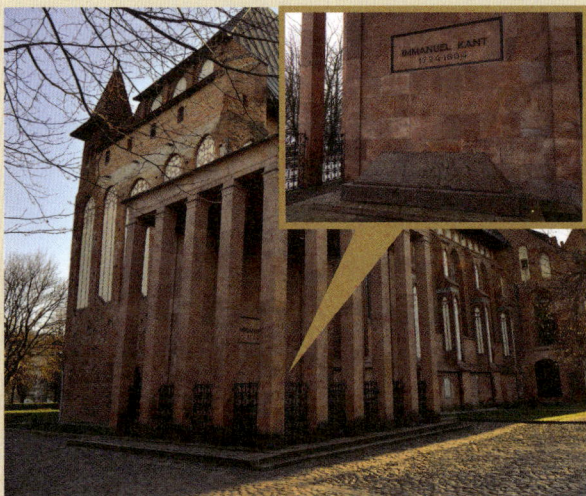

康德的坟墓

图为位于柯尼斯堡的康德的坟墓。康德一直向自己的学生们强调自行思考、自行探索的独立心态。

但是康德跟孟子一样，都认为人性本善。现实中的人之所以没有全部行善，是因为他们遵循的并不是善良的本性。

人既是人类也是动物，但想要活得像一个人类，我们必须唤醒心中善良的本性，而不是遵循动物的本能。当然，这并不是说动物有什么不好，而是说康德和孟子想要讲述的人类的特征就是如此。作为人，我们应该凭借自己的力量，做出正确的判断并付诸行动。

知识要点

- 康德在思考"什么是人类的理性"的问题时，提出了三个问题："我能够知道什么""我应当做什么"及"我可以希望什么"。对于这三个问题，我们可以在康德的三部作品《纯粹理性批判》《实践理性批判》《判断力批判》中获得答案。
- 在康德之前，对于获得知识的方法，强调经验的经验论和强调理性的唯理论形成对立、相持不下。但是康德却主张应该将经验和理性结合起来，同时提出人类与生俱来的认识能力——纯粹理性的概念。
- 康德开创性地找出人类获得知识的方法。简单来说就是人在经历某件事情后，十二范畴就能对其产生作用，从而将经验转换为知识。

康德的名言名段

我能够知道什么？

我应该做什么？

我可以希望什么？

——康德

人生

时代

思想

名言

时事

01

直观无概念是盲的；
思维无直观是空的

正如之前所说，对于获得知识的方法，唯理论和经验论的主张截然相反。唯理论主张只能通过人类的理性获得知识；而经验论则主张只能通过经验获得知识。

对此，康德表示只凭经验和理性中的一种是无法获得知识的。那么，康德认为人类是如何从外界获得知识的呢？他认为要想获得知识，就必须将经验和理性结合起来。"直观无概念是盲的；思维无直观是空的"这句话无疑最能体现他的思想。

其中，"直观无概念"批判的是经验论。这里的直观指的是人们在实践中对客观事物的直接的、生动的反映，也就是经验。人类通过感觉器官获得的资料，若不经过思考就没有统一性和秩序。由于这种情况跟眼盲无法辨别事物的情况很相似，所以康德批判它是盲目的。

反观"思维无直观"批判的是唯理论。这里说的思维是指思想的框架。我们所看、所摸、所闻的没有经验的概念就像是没有任何内容的空想。也就是说，没有内容，就像只空碗一样，是空虚的。

于是康德结合这两种情况给出了答案，而哲学家们长久以来苦思冥想的问题也找到了解

《纯粹理性批判》

　　康德成为教授十一年后出版的第一部作品。之后，康德又陆续出版了《实践理性批判》《判断力批判》等伟大的著作。

决的思路。

　　重视经验和理性，听着很像理所当然的事情，但康德并不是单纯地将经验论和唯理论结合起来，而是对"人类如何将自己的经验整理成知识"的提问做出了解答。这个解答也可以看作对"人类如何去了解外部世界"这一问题的解答。

要想获得外部世界
的知识，我们必须将通
过经验获得的内容和理性的形
式结合起来，即我们必须把通
过感觉获得的经验整理起来，赋予其统一性和
秩序，而此时会运用到纯粹理性。

关于十二范畴的内容在第59页。

康德表示人类拥有与生俱来的纯粹理性和
适用于现实问题的十二范畴。即用十二范畴来
整理经验。

总之，人拥有纯粹理性，因此可以整理通
过感觉获得的资料形成新的知识。康德既没有
忽视经验的重要性也没有忽视理性的重要性。
他认为无论缺少其中的哪一项，我们都无法获
得真正的知识。

康德通过对经验论和唯理论进行调和，推
出新的认识论，成就了近代哲学史上的里程碑。

02

要只按照你同时认为也能成为普遍规律的准则去行动

　　这个世界是多数人一起生活的世界，所以我们不能随心所欲地行动。

　　"要只按照你同时认为也能成为普遍规律的准则去行动。"这句话是康德的道德准则。这里所说的"行动准则"是指每个人的行为原则；

而道德准则可以看作是对"我们应该怎么活"这一问题的解答。

对于"我们应该怎么活"这个问题，以前的哲学家们回答"要活得幸福"，然后不断思考什么是幸福及如何才能幸福的问题。但对于幸福，每个人的心中都有不同的评判标准。

有人认为安稳的生活是幸福；有人认为成功的人生是幸福；也有人认为为了别人奉献自己的人生就是幸福。因此，幸福无法成为普遍

驼背的康德

　　画中的康德不仅个子矮小，还有一些驼背。康德每天过着重复和规律的生活，专注于真理的探索。这幅画是弗里德里希·哈曼于 1801 年所作。

规律的准则。普遍指的具有共同性，也就是适用于所有人，"普遍规律的准则"是指适用于所有人的法则。

康德所想的道德法则必须具有普遍性。即适用于每个人的标准要相同。当自己做出某种行为时，要想判断这个行为是否符合道德标准，就得先思考其他人是否也愿意这样做。这就应了那句话："要只按照你同时认为也能成为普遍规律的准则去行动。"换言之，即使从客观的角度来看，自己的行为也要符合道德。

但既然自己的行为准则是自己制定的，就免不了要包含一些个人的观点，又如何能保证它是普遍的呢？

是人就有私心，因此很容易生出"这样应该没事吧"的念头。比如，人们都知道横穿马路是不对的，但想必很多人都有过抱着"没办法，要迟到了"的想法，对自己横穿马路的行为做正当化处理的经历。按照康德的说法，这样的行为绝不是道德的行为，因为它只是个人的准则。

按照康德的道德标准行事绝非易事，但这个世界并不是一个人的，在许多人共同生活的社会中，个人并不能成为特殊的存在。

遵循康德的道德标准可以说是生活在这个社会的我们必须履行的义务。

人虽然属于动物，却拥有有别于其他动物的固有特征。不同于动物的人类固有的特征，康德将其称为"善良意志（Good Will）"。当我们按照善良意志行事时，我们就能成为道德的存在。

03

对人性，应将其一同作为目的，而不可以仅作为手段

生活中，人们善于用各种手段解决问题。例如，为了前往目的地，乘坐交通工具（手段）；为了学习，使用书籍（手段）；为了工作，使用各种工具（手段）。

如果人成为一种手段，结果会如何呢？各种手段会根据其用途大小被赋予价值。但人本身就是一个有价值且需要受到尊重的对象，并非可以被评价价值大小的存在。康德所说的人性可以看作"什么是人"这一问题的答案。因

此，康德强调人性应该作为目的，而不是作为手段。

这句话可以理解为把人性作为目标来行动。即人本身就是目的。人在人生中需要实现的最重要的目的就是成为一个真正的人，而成为真正的人的道路就是自我实现。

人生的终极目标——自我实现，这也许就是发现自己真正价值的行为。那么作为人，我们可以思考一下，我们的真正价值是什么呢？

知识要点

- 康德通过对经验论和唯理论进行调和，总结出人类获得知识的方法，成就了近代哲学史上的里程碑。
- 康德主张道德准则无论何时何地都应该具有普遍性，即每个人的适用标准都得相同。
- 康德强调对于人性，应该将其一同作为目的，而不应该仅作为手段。这句话的意思是人要以发现人的真正价值作为行动的目的。

行为的准则是什么

　　康德强调人性本善，因此每个人都拥有想要道德行事的善良意志。

　　而对于那些对别人的痛苦视若无睹的人，康德的善良意志又具有何种意义呢？

人生

时代

思想

名言

时事

01

是否只要遵守法律，对不对得起良心都无关紧要

在韩国，我们经常能在新闻中听到这样的话：

"××大型企业投机取巧……"

这里的投机取巧指的是"利用时机钻空子"，通常用于使用不正当的手段谋取私利。投机取巧虽然不违法，但也不是什么好事。严格

来说，它更倾向于"坏事"，即是一种为了谋取私利而采用不违法却违背道德的方法的行为。

那么，是否只要不违背法律，就可以为所欲为呢？有些事情虽然不违法，但很可能要违背良心。违背良心的行为和违法的行为是两种不同的概念。违法要遭到处罚，但违背良心则不一定会遭到处罚。另外，有些事情虽然法律没有明令禁止，但一旦做了就会觉得违背自己的良心。

如今，越来越多的人认为只要遵守法律，其行为就是正确的。也就是说他们的行为只参照法律而不参照良心。结果就是，他们的行为虽然不违法，但会给别人带来痛苦。

在韩国，很多人都受到非正式职工问题的困扰。非正式职工指的是企业临时雇用的人员。由于是"临时"雇用的，所以当企业不需要时，可以解雇他们。然而从员工的立场来说，随时都有可能被解雇的不安心理，会给他们带来极大的压力。

为了保障这些非正式职工的利益，韩国政府出台了很多相关的保护法。

非正式职工保护法的主要内容之一就有企业要给工作两年以上的非正式职工正式编制。单从内容上来讲，这项规定对非正式职工是十

分有利的，但结果真的是这样吗？

正所谓"上有政策，下有对策"。某些企业就开始投机取巧，它们会在两年之内提前解雇非正式职工。如此一来，原本应该放宽心的非正式职工变得更加不安了。

然而政府无法对解雇非正式职工的企业问责，因为在两年期限未到之前解雇非正式职工，企业不算违法。

从这个角度来说，遵守法律并不意味着守住了自己的良心。如果人人觉得只要遵守法律，哪怕给别人带来痛苦都无所谓，我们的社会就会变得越来越冷漠、越来越腐败。

因此，唤醒康德所说的个人良心，也就是唤醒每个人内心中想要行善的善良意志就变得尤为重要。因为只有这样，我们才会生出为别人着想的心，而只有这些心聚集起来，我们的社会才能变得更加温馨、更加美好。

02

康德和边沁

说到与康德的道德准则对立的思想，我们不得不提及边沁。如之前所说，对于"人应该怎么活"的提问，康德之前的哲学家们一致回答说"要活得幸福"。而边沁也是强调幸福理论的哲学家之一。

自然把人类置于两位主公——快乐和

痛苦的主宰之下。只有它们才指示我们应当干什么，决定我们将要干什么。是非标准，因果联系，俱由其定夺。

——摘自边沁的《道德与立法原理导论》

边沁表示，指示我们应该干什么或不该干什么的是快乐和痛苦。换句话说，我们要做能带来快乐，也就是能带来幸福的事情，不要做会带来痛苦的事情。边沁认为能给我们带来幸福的行为就是善良的，而给我们带来痛苦的行为就是邪恶的。

然而在做某件事情的时候，我们事先并不知晓这件事情会给我们带来幸福还是不幸。很多事情也许当前能给我们带来幸福，但最终会给我们带来痛苦。

假设我们因为想看电视节目，所以放下了手中该干的工作。此时，我们或许是幸福的，但把该干的工作推迟，事后必然会痛苦。也就是说这件事情的结局并不美好。

如果边沁遇到这样的情况时，他又会做出何种选择呢？

在边沁看来，判断一个行为善良与否的标准要看带来的是快乐还是痛苦，所以他肯定会让我们选择能给我们带来快乐的行为。

边沁认为快乐的量是可以测量的，即可以根据快乐的强度、持久性、确切性及远近等指标来测量快乐的量。比如，快乐的感觉越强、越持久、越确切、越能在短时间内降临，快乐的量就越大。同样，痛苦的量也能进行测量。因此，如果一件事情会同时给我们带来快乐和痛苦，我们就可以测量它们的量，然后进行对比。如果快乐的量更多，这件事情就是善良的，我们可以去做；而若是痛苦的量更多，这件事情就是邪恶的，我们就不能去做。

按照边沁的主张，能够给我们带来最大快乐的事情就是最幸福的事情，因此能够给最多的人带来最大的快乐的事情就是最大的幸福，同时也是一件善事。于是，边沁留下了一句名言："最大多数人的最大幸福。"

意思就是，能给大多数的人带来最大幸福的事情就是最道德的事情。而这也是人类应该遵守的道德准则。因此，个人应该往"给更多人创造幸福"的方向靠拢。

不过即使是能给大多数的人带来幸福的事情，也有可能给个别的人带来不幸。如果遇到这种情况，个人有没有必要为了多数人做出牺牲呢？对此，边沁表示："这样的行为虽然短时间内会给自己带来损失，但为了多数人的幸福，最终也会给自己带来幸福。"

例如，遵守交通规则虽然短时间内会给自己带来"迟到"的损失，但终究是对多数人有利的事情，同时也是为自己安全着想的事情。

不同于强调理性道德原则的康德，边沁采用更加简单和直接的方法解释了道德准则。简单来说就是做对所有人都有利的事情。

那么边沁的道德准则和康德的道德准则有

什么区别呢?

首先,衡量道德与否的标准不同。康德认为在做某件事情的时候,要先考虑这件事情是否具有普遍性;而边沁则认为,应该思考这件事情是否能给人带来快乐。

在辨别一件事情是否道德时,康德根据的是人类天生具有的良心标准,也就是是否符合善良意志;而边沁根据的是那个行为带来的结果,即按照快乐和痛苦中哪个占据更大分量的结果来判断行为的道德与否。

边沁认为,能给最大数量的人带来最大幸福的行为就是善举,因此个人只有朝着给多数人带来幸福的方向靠拢,他的行为才能算是道德的。对于边沁来说,判断行为道德与否的标准在于结果的好坏和是否符合多数人的利益,并非行为出发点的好坏和是否符合个人利益。

在世界之中，一般地，甚至在世界之外，除了善良意志，不可能设想一个无条件善的东西。

——摘自《道德形而上学原理》

对于康德来说，人类之所以做出符合道德的行为，并非出于个人的幸福或多数人的幸福，也就是说并非为了获得某种好的结果，而是出于人类原有的想要行善的本意——善良意志。

做正确的事情并不需要理由，不是因为它能给人带来快乐和物质上的利益，而是因为只能这么做并且只有这么做才是正确的。康德认为，只有这个时候，人类才能获得真正的幸福。

康德之所以会产生这种想法，与他曾受到的相信人类理性力量的启蒙主义的影响有很大的关联。按照康德的观点，善良的行为是必须做的事情，不可以掺杂任何理由。

康德生活了一辈子的柯尼斯堡

康德出生于柯尼斯堡，毕业于柯尼斯堡大学，而后成为柯尼斯堡大学的教授。他始终认为自己教授学生的不是哲学，而是哲学的方法，也就是批判的思考方式。第二次世界大战时，随着德国战败，柯尼斯堡成为苏联的领土，更名为加里宁格勒。

　　虽然无条件行善并不容易，但作为一个人，行善是再正常不过的事情。

　　康德的这种思想对我们有很重要的意义。虽然"人性本善"这件事很值得怀疑，但若是像边沁一样，只根据结果做出某种行为，我们根本无法判断这种行为是否正确。因为给一个人带来幸福的行为，很可能会给另一个人带来不幸；给一个集体带来幸福，也有可能给另一个集体带来不幸。

因此正如康德所说，我们需要适用于所有人的普遍道德准则，也就是善良意志。康德提出的善良意志是辨别行为标准的核心概念。

我们不能将康德的思想看作是 18 世纪的落后思想，因为直到现代，也依然有人在研究和贯彻他的思想。

通过**康德的故事**学习哲学

人类是像夜空中的繁星一样珍贵的存在。

康德将始于笛卡尔的欧洲大陆唯理论和始于培根的英国经验论结合起来，完善了近代哲学的体系。

　　以笛卡尔为代表人物的唯理论强调的是"眼睛看不见的东西"，也就是理性；以培根和洛克为代表人物的经验论强调的是"眼睛看得见的东西"。

　　康德则根据内容和形式的区分，将唯理论和经验论结合了起来。这里所说的"内容"是眼睛看得见的东西，也就是经验；而"形式"则是眼睛看不见的纯粹理性。人之所以能够认识和思考眼睛看得见的东西，是因为人具有纯粹理性。

　　康德认为所有人天生就具备能够自行做出判断的理性。他的这种想法并不是荒诞不经的空想，而是提出了很多之前的哲学家们没能发现的切实根据。

所有人天生具有纯粹理性，所以能够自行做出判断，正因如此，人是自由的。同时，由于每个人天生具有这样的能力，所以每个人都是平等的。

如果说康德是近代哲学体系的完善者，我们不妨思考一下与现代哲学相比康德思想的局限性。

康德太过强调个人的理性能力，以至于没能仔细考察人类理性能力之外的感性能力、生理能力、社会能力等其他能力。当然，康德并不知道人们日后取得的科技成果，如基因技术等，所以他的思想存在局限性也在所难免，但这并不意味着康德的思想对于现代社会就没有任何意义。

这就好比爬山，并非只有登顶才算有意义。山路也有意义，有上去的路，就有下来的路；有分岔的路，就有汇聚的路。而康德就是近代哲学史上最高的那座山，同时也是康德之前分岔的哲学之路重新汇聚而成的一条哲学大道。

虽然对于现在的我们来说，那座高山和那条大道只能算人类曾经越过的高山和大道，但即便我们已经越过了它们，它们的意义也不会褪色。因为那座高山、那条大道就是我们看到的现在的真实写照，同时也是我们日后需要越过的高山和大道的重要参照。

我们需要了解康德的真正原因是因为他对"人类为何尊贵"的提问做出了最明确的解答。在康德看来，人类之所以尊贵，是因为不同于动物，人类的行为原理与宇宙的运行原理一致。

对于人类的行为原理与宇宙的运行原理一致的现象，康德是用"我们头顶浩瀚的星空（宇宙）"和"我们心中的道德法则（人）"来表达的。康德指出不能因为隐藏在黑暗中或无从知晓便肆意推测宇宙的形态。

因为纵观人类的发展史就会发现，即使面对自己不了解的内容，人类也没有胡乱地进行猜测，而是通过锲而不舍的努力，终究探索出了真理。

按照康德所说，人类并不是偶然的存在，而是像夜空中的繁星一样，是普遍、必然的存在，每个人都像夜空中的繁星一样珍贵美丽，所以人类是尊贵的存在。

宇宙的神秘便是人类的神秘，所以康德才会表示对其思考得越深越久，在他心中产生的惊奇和敬畏就越大。

　　有两种东西，我对它们的思考越是深沉和持久，它们在我心灵中唤起的惊奇和敬畏就越历久弥新：一个是我们头顶浩瀚的星空；另一个就是我们心中的道德法则。

——摘自《实践理性批判》

历史中的康德

	西方	康德	东方
1724年		4月22日，出生于普鲁士的柯尼斯堡。	
1732年		8岁时，进入虔信派的学校。	
1735年			中国清朝乾隆皇帝登基。
1740年	奥地利爆发王位继承战争。	16岁时，从虔信派学校毕业，考入柯尼斯堡大学。	
1748年	法国启蒙思想家——孟德斯鸠发表《论法的精神》。		
1750年			中国清朝颐和园开建。
1753年	英国建立伦敦大英博物馆。		
1755年		31岁时，从柯尼斯堡大学毕业，并在母校担任讲师。	
1756年	英国－普鲁士同盟和法国－奥地利联盟之间爆发七年战争。		
1757年	英国在普拉西战役中战胜印度。		雍籍牙建立缅甸王国。
1763年	为了结束七年战争，英国、法国及西班牙签订巴黎条约。		
1765年	英国的瓦特改良蒸汽机。		
1766年		42岁时，担任皇家图书馆的管理员。	

	西方	康德	东方
1770年		46 岁时，成为柯尼斯堡大学的教授。	
1775年	为了摆脱英国的殖民剥削，美国开启独立战争。		
1776年	美国发表《独立宣言》。		中国清朝乾隆平定大小金川叛乱。
1781年		57 岁时，发表《纯粹理性批判》。	
1782年			泰国拉玛一世建立曼谷王朝。
1785年		61 岁时，出版《道德形而上学原理》。	
1786年		62 岁时，被推选为柯尼斯堡大学校长。	中国清朝时期爆发"林爽文起义"。
1788年		64 岁时，发表《实践理性批判》。	
1789年	法国爆发大革命，并颁布《人权宣言》。		
1790年		66 岁时，发表《判断力批判》。	
1793年		69 岁时，出版《单纯理性界限内的宗教》。	
1796年			中国爆发白莲教起义。
1803年	▲拿破仑一世		印度马拉地人与英国殖民势力爆发战争。
1804年	法国拿破仑一世继位。	80 岁时，留下一句"啊，真好"去世。	

105

康德认为人类是理性的存在。
那么，康德为了了解理性提出的三
个问题分别是什么？

请写一写你的想法。

"哥白尼式革命"是指引发开创性的变化，从而改变人类思考方式。那么，为什么说康德的哲学引发了哥白尼式革命？

请写一写你的想法。

直观无概念是盲的；思维无直观是空的。

抄写一遍这句名言，思考一下它的含义。

対人性，应将其一同作为目的，
而不可以仅作为手段。

抄写一遍这句名言，思考一下它的含义。

要只按照你同时认为也能成为
普遍规律的准则去行动。

抄写一遍这句名言，思考一下它的含义。

文 | Goodwill 哲学研究所

Goodwill 哲学研究所创立于 2006 年 10 月。创立人员主要以哲学教育和研究经验丰富的教师为主。他们的宗旨是为小学、初高中生及一些哲学论述教育家们，提供关于创意性思考能力的优质教育内容。Goodwill 哲学研究所以专业的学问为基础，横跨人文和自然领域，致力于传播当今哲学和论述教育所需的整体性、综合性的知识。

※ Goodwill 意为善意，相信人性本善，所以在为每个人都能活出个人样而努力。

研究委员

金南寿（毕业于延世大学哲学专业、Goodwill 哲学研究所所长）

金东国（首尔大学美学硕士）

金彩林（首尔大学美学硕士）

李静雅（延世大学英国文学教师）

朴启浩（高丽大学教育学硕士）

夏金红（东国大学物理学硕士）

徐志英（中央大学德国文学博士）

韩正阳（江原大学韩语教育学硕士）

图 | 崔尚奎

曾荣获 LG 东亚国际漫画展、韩国出版美术家协会插画家大奖赛传统童话奖项，现活跃在卡通、漫画、插画等多个领域。

角色设定 | 刘南英

毕业于漫画专业，活跃在角色设计和插画领域，致力于给人们传播快乐、梦想及希望。

图字：01-2022-5699

미니 인문학 시리즈 1-12
Copyright ©2020, Kumsung Publishing Co., Ltd.
All Rights Reserved.
This Simplified Chinese edition was published by The Peoples Oriental Publishing &
Media Co., Ltd. in 2023 by arrangement with Kumsung Publishing Co., Ltd. through
Arui SHIN Agency & Qiantaiyang Cultural Development (Beijing) Co., Ltd..

图书在版编目（CIP）数据

像哲学家一样思考. 第二辑. 康德 / 韩国 Goodwill 哲学研究所编著；千日译.
— 北京：东方出版社，2023.3
ISBN 978-7-5207-2072-4

Ⅰ. ①像… Ⅱ. ①韩… ②千… Ⅲ. ①康德 (Kant, Immanuel 1724–1804) —哲
学思想—青少年读物 Ⅳ. ① B-49

中国版本图书馆 CIP 数据核字 (2022) 第 221564 号

像哲学家一样思考（第二辑）：康德
XIANG ZHEXUEJIA YIYANG SIKAO DI ER JI : KANGDE

作　　者：〔韩〕Goodwill 哲学研究所
译　　者：千日

策划编辑：鲁艳芳
责任编辑：王晶晶
出　　版：东方出版社
发　　行：人民东方出版传媒有限公司
地　　址：北京市东城区朝阳门内大街 166 号
邮　　编：100010
印　　刷：天津图文方嘉印刷有限公司
版　　次：2023 年 3 月第 1 版
印　　次：2023 年 3 月北京第 1 次印刷
开　　本：880 毫米 ×1230 毫米　1/32
印　　张：3.75
字　　数：36 千字
书　　号：ISBN 978-7-5207-2072-4
定　　价：180.00 元（全 6 册）
发行电话：（010）85924663　85924644　85924641

版权所有，违者必究
如有印装质量问题，请拨打电话：（010）85924725

历史是否会重演

黑格尔

[韩] Goodwill 哲学研究所 / 编著

千日 / 译

人民东方出版传媒
People's Oriental Publishing & Media

东方出版社
The Oriental Press

目　录

"世间的一切都在经历正一反一合的过程中趋于完满。"

少年时期的黑格尔被人们称作"小老头"。

因为他的性格认真、沉稳，喜欢思考，

不喜欢抛头露面。

他一生都在努力用逻辑的方式

解释世间万物的变化发展。

黑格尔目睹过法国大革命。

这个邻国发生的历史性事件

成为黑格尔创立逻辑学的背景。

黑格尔强调人们要有能够看透事件本质和整体的眼光。

那么在法国大革命事件中，黑格尔看到了什么呢？

模范生的人生

　　黑格尔通过完善强调人类精神，也就是强调理性的观念论（唯心论），一举成为德国的伟大哲学家。那么，黑格尔究竟是一个什么样的人呢？他最想做的事情又是什么呢？

人生

时代

思想

名言

时事

01

喜欢思考的模范生

黑格尔（Georg Wilhelm Friedrich Hegel）1770年出生于德国的斯图加特。黑格尔出生时，德国还没统一。

直到黑格尔出生百年之后，由300多个小国组成的德国才实现了最终统一。因此，德国完成统一的时间在欧洲各国当中十分靠后。

黑格尔诞生的斯图加特是德国符腾堡公国

的首都。公国是由王国下面的公爵或伯爵自治的国家。

在资本主义时代之前的封建主义时代，国王往往会给自己的臣子，也就是公爵或伯爵分封土地，让他们自治，而这些自治封地便是一个个公国。因此，黑格尔生活时的德国还残留着很多封建因素，也相对落后。

黑格尔的家

位于德国斯图加特，如今被当作黑格尔博物馆，用于展示他的各种作品。传闻黑格尔小时候性格认真、沉着、诚实，是十足的模范生。

黑格尔的父亲是公国的高级官员，黑格尔作为大儿子是一个模范学生。他不仅学习好，还喜欢写日记和读书。不过传闻他除了读书之外，并没有其他特长。他不擅长运动，也不喜欢在人多的地方抛头露面。

1788 年，18 岁的黑格尔考入图宾根大学神学院。当时，德国政府试图通过基督教对国民进行启蒙，在这样的社会背景下，成为牧师就意味着出人头地。因此，很多父母都希望自己的子女能够进入神学院成为牧师。黑格尔也顺应这种社会风气进入了神学院。据说，他的入学成绩在新生中名列第三名。

不过进入大学后，黑格尔似乎告别了以往的模范生生活。毕竟那个时代不会放任他安静地学习下去。1789 年，也就是黑格尔大学入学后的第二年，法国大革命爆发了。法国大革命是市民对抗君主专制的革命，向欧洲传播了自

由、平等、博爱的思想。

即使黑格尔是一个只知道学习的模范生，也无法对邻国发生的历史性事件视若无睹。黑格尔经常会在大学里和同学们一起讨论法国大革命、自由、文学，以及德国未来的事情。试想一下，邻国已经掀起革命，赶走国王，建立起了国民做主的共和国，但自己的祖国——德

教育之都——德国图宾根

　　图宾根是德国著名的教育圣地。当初黑格尔在图宾根大学与同窗挚友们一起对德国的未来进行过讨论。

国却依然处在君主制的统治下。这怎么能让他无动于衷呢？在这段时间，黑格尔结交了两位肝胆相照的好友，他们便是哲学家谢林[1]和诗人荷尔德林[2]。

如此一来，黑格尔自然就与研究神学的初衷渐行渐远。事实上，黑格尔真正感兴趣的是古希腊文学、启蒙主义文学及柏拉图和斯宾诺莎等人的哲学思想。不过这并不意味着黑格尔会直接参与到政治和学生运动当中。因为黑格尔并不是一个行动派，而是一个善于思考的思考派，要知道他在学生时期的外号可是"小老头"。黑格尔认真、谨慎的性格如实地反映到了他研究世界和人类的态度上。

---

[1] 谢林（1775—1854）：德国哲学家。德国观念论代表人物之一。谢林主张主观和客观绝对值的同一哲学。晚年时，谢林还曾研究神话和启示哲学。

[2] 荷尔德林（1770—1843）：德国诗人。代表作有慨叹失去的黄金时代的《恩培多克勒之死》和歌颂神灵再临的《蒂奥提玛》等。

法国大革命的主题是自由、平等、博爱

　　法国大革命是受到君主制压迫的市民发动的一场革命。之前，君主基于王权神授说，一直剥削民众的血汗，以维持自己锦衣玉食的生活。而王权被推翻后，法国的政治结构发生变化，民众获得自由、平等的权利，为资本主义的发展奠定了基础。

　　法国大革命的主题"自由、平等、博爱"源于卢梭所写的《社会契约论》。卢梭是一位启蒙思想家。他主张的人生而平等的思想对法国大革命的爆发产生了很大的影响。

法国总统选举演讲

  法国国旗蕴含着法国的革命精神。法国大革命时期，市民们在帽子上画上蓝色、白色、红色三色标志，高喊"自由、平等、博爱"的口号。其中，蓝色意为自由，白色意为平等，红色意为博爱。

02

终成教授

1793 年，大学毕业的黑格尔不禁为自己的前途感到担忧。对神学不感兴趣的他其实更想成为大学教授，不过这显然不是一件容易的事情。

就这样，黑格尔整整做了七年的家庭教师。直到 1801 年，他才在同窗好友谢林的帮助下成为耶拿大学的一名讲师。不同于教授，讲师没有固定工资，因此只能靠授课费维持生计。

　　耶拿大学作为当时德国哲学的中心，也是谢林、席勒[1]、费希特[2]等人活跃的平台。除此之外，还有很多著名人士在那里活动，如当时作为教育部部长的歌德就是其中之一。歌德[3]给了黑格尔很多帮助。

　　在耶拿大学，黑格尔发表了自己的代表作《精神现象学》。在这本书中，黑格尔讲述了人类意识的发展阶段。然而在1806年，他即将完成这部作品时，拿破仑率领法国军队攻入了耶拿城。

---

[1]　席勒（1759—1805）：德国诗人、戏剧作家。与歌德一起确立了古典主义艺术理论体系。代表作有《奥尔良的姑娘》《威廉·退尔》等。

[2]　费希特（1762—1814）：德国哲学家。继承康德的哲学思想，展开了理想主义哲学体系。曾在法国占领的柏林进行《对德意志民族的演讲》。

[3]　歌德（1749—1832）：德国诗人、小说家、戏剧作家，同时也是德国古典主义代表人物，基于自己的阅历创作了很多关于告白和忏悔的作品。代表作有诗剧《浮士德》、小说《少年维特之烦恼》、自传《诗与真》。

当时，拿破仑正在与反对法国大革命的所有欧洲封建势力进行对抗。拿破仑登场之前的欧洲实行的是基于身份制的王权至上的君主专制制度，而法国大革命便是打破君主专制的革命运动。

在执政初期，拿破仑十分尊重法国大革命精神，所以黑格尔将他视为向欧洲传播法国大革命的"绝对精神"。

黑格尔所崇拜的拿破仑

黑格尔认为拿破仑是向世界传播自由的绝对精神。在看到入侵德国耶拿城的拿破仑后，他感慨地说："我看到了马背上的绝对精神。"

绝对精神是指人类个人主观上的感觉、意识、知性等经过客观化、社会化的发展，以法律、争议、道德、人伦等形态体现出来的精神。黑格尔在《精神现象学》中解释说：人类的精神不断前进发展后的结果就是绝对精神。

　　然而战争并不是什么美好的事物，拿破仑的军队在攻占耶拿城后开始进行掠夺，就连黑格尔的家也没能幸免。黑格尔只能匆匆地拿着《精神现象学》的原稿躲到朋友的家中。最终，耶拿大学被关闭，黑格尔也沦落为无业人士。

　　经过两年的流离生活后，黑格尔在朋友的

帮助下，成为纽伦堡一所文理中学的校长。文理中学类似于初中和高中的结合体，是当时欧洲准备报考大学的学生们就读的一种学校。

这份工作的收入尽管不多，但很稳定。在那里，黑格尔还遇到了自己的妻子，与她走入婚姻的殿堂，过上了幸福美满的生活。从他寄给朋友的信中，我们可以了解到他对自己的婚姻生活很满意。

我现在算是死而无憾了。因为在世人看来，有工作、有一个相爱的妻子，这辈子就算没有白活。

1812 年，黑格尔出版《逻辑学》，受到了人们的追捧。如果说《精神现象学》讲述的是人类意识的发展过程，那么《逻辑学》讲述的则是从《精神现象学》中总结出来的定理。尽管黑格尔的书很受欢迎，但是它们的内容并不容易理解，以至于人们打趣说这些书都是用"黑格尔语"写出来的。

借助作品建立起来的人气，黑格尔于 1816 年成为海德堡大学的哲学教授。即 1793 年大学毕业过了整整 23 年之后，他才终于实现了自己的夙愿。

在海德堡大学，黑格尔又发表了《哲学全书》，单从书名我们就可以看出他想要整理自己哲学思想的雄心。

1818 年，黑格尔转任柏林大学教授。柏林是普鲁士的首都，而普鲁士又是德意志地区最大、最强的公国，因此包括哲学在内的各种学问都在此蓬勃发展。

也是从那时起，黑格尔正式告别以往的艰苦生活，迎来人生的鼎盛时期。从此，他被人们视为代表德意志的哲学家，还获得"普鲁士国家哲学家"的称号。当时，黑格尔对思想界有着十分广泛的影响力，以至于其他大学也纷纷开始开设他的理论课。

于是，黑格尔不仅得以安稳地投入研究，并且作为哲学界的代表学者，还受到学生和市民的敬仰。传闻黑格尔曾与柏林大学哲学讲师叔本华^①在同一时段开设过课程，结果黑格尔的课堂人满为患，而叔本华的课堂则无人问津。最终，自尊心受创的叔本华直接辞去了大学讲师的工作。

因为这件事情，叔本华彻底与黑格尔反目，

---

① 叔本华（1788—1860）：德国哲学家。支持理念论，主张悲观主义。1819年，发表代表作《作为意志和表象的世界》。

甚至还开创了与黑格尔理论截然相反的非理性主义哲学。

在柏林，黑格尔还发表了《法哲学原理》。有趣的是，黑格尔几乎每次转职时都会发表一部作品。

黑格尔在柏林大学工作了 13 年，最后晋升为校长，但于 1831 年因感染霍乱而不幸去世。

知识要点

- 从小成绩优异的模范生黑格尔选择进入大学学习神学，但受到法国大革命的影响，他对德国的现实情况产生好奇，从而开始研究哲学。
- 大学毕业后，黑格尔先后在海德堡大学和柏林大学任职，最终当上柏林大学的校长。其间，他发表了《精神现象学》《逻辑学》《哲学全书》《法哲学原理》等众多代表作。

历史的洪流

　　年轻时，黑格尔目睹了法国大革命，被大革命的理念——自由、平等、博爱的精神所感动。于是，他便与同窗好友们一起畅谈法国大革命的意义和德国的未来。那么，当时的黑格尔是如何看待现实的呢？

人生

时代

思想

名言

时事

01

法国大革命爆发的原因

法国大革命给包括法国在内的欧洲，乃至全世界都带来了极大的冲击。黑格尔与他所生活的德国自然也无法摆脱这种影响。

法国大革命引起的变化直至今日对我们也有深远的影响。例如，我们如今使用的米制就是法国大革命时期发布的度量衡制度，后来渐渐传播到全世界。

另外，表示理念区别的"左翼"和"右翼"的说法也源于法国大革命。当时在法国议会中，作为激进派的雅各宾派坐在左侧，而作为保守派的吉伦特派坐在右侧。于是人们后来就将激进派称作左翼，而将保守派称作右翼。

　　法国是一个王室权力十分强大的国家。哪怕在英国开始发展议会制度的时候，法国也依然在实施着君主制。

　　有着"太阳王"称号的路易十四作为建立绝对君主制的国王，曾留下一句名言："朕即国家。"国王就是国家，可见当时的王权有多么强大。

　　在当时的法国，国民受到国王、部分贵族及教士的统治，因此国民的权利也被压迫到了极致。尽管当时也设立了由教士、贵族及平民代表聚在一起讨论国家大事的三级会议，但平民并没有什么实质性的权利，三级会议可以说形同虚设。

　　到了路易十六统治时期，法国财政一度陷

入极其困难的境地。王室长久以来的奢靡和浪费导致国库亏空，加上又要支援美国的独立战争，令原本就紧张的财政变得更加捉襟见肘。总之，为了掣肘自己的老对手——英国，法国砸锅卖铁支援美国，没想到却搬起石头砸了自己的脚。

　　为了解决财政问题，路易十六决定向贵族

法国三级会议纪念邮票

　　三级会议起初是 1302 年腓力四世为了对抗教廷，召集三种身份的代表，也就是教士、贵族及市民代表开启的会议。法国大革命爆发后，三级议会改为国民议会。

征收赋税。在那之前，贵族是不用交税的。结果不用多说，贵族坚决反对增税提案，同时为了加强自己的权利，提议召开三级会议。

可是召开三级会议后，采用何种投票方式成为争论的焦点。教士和贵族希望能够按阶层投票，平民则希望根据人数进行投票。另外，平民还希望平民代表的人数能够与教士和贵族代表合起来的人数一样多。因为一旦教士和贵

每个阶层投一票！

每个代表投一票！

族串通好，平民的意见就会以 1 比 2 的劣势被漠视，如此一来，平民的税务负担就会变得更重。

反之，若是平民代表的数量增加，再根据人数进行投票，那么按照少数服从多数的原则，说不定贵族就会交税。

然而平民的要求并没有被接受。于是，平民们一气之下离开三级会议，另行组建了"国民议会"。他们主张国民议会才是真正代表国民的议会，同时呼吁制定属于自己的宪法。

贵族和王室自然不会放任不管，于是路易十六调集军队，企图强制解散国民议会。

1789 年 7 月 14 日，巴黎市民奋起反抗，袭击了军火库和巴士底狱。巴士底狱是关押政治犯的监狱，袭击巴士底狱便意味着对抗国王的统治。于是，法国大革命爆发了。

最终，路易十六投降了，国民议会在市民的支持下发表了包含法国大革命精神的宣言，

也就是意味着"人身自由，权利平等"的《人权宣言》。受到洛克、卢梭等人近代启蒙主义思想的影响，《人权宣言》的内容在当时十分具有革命性。

《人权宣言》的内容对包括法国新宪法在内的世界各国的法律和政治产生了极大的影响。

第一条：人生来就是而且始终是自由

的，在权利方面一律平等。社会差别只能建立在公益基础之上。

第二条：一切政治结合均旨在维护人类自然的和不受时效约束的权利。这些权利是自由、财产、安全与反抗压迫。

第三条：整个主权的本原根本上乃存在于国民。任何团体或任何个人皆不得行使国民所未明白授予的权力。

第四条：自由是指能从事一切无害于他人的行为；因此，每一个人行使其自然权利，只以保证社会上其他成员能享有相同的权利为限制。此等限制只能以法律决定之。

第五条：法律仅有权禁止有害于社会的行为。凡未经法律禁止的行为即不得受到妨碍，而且任何人都不得被强制去从事法律所未要求的行为。

路易十六试图再次镇压国民议会，而愤怒的巴黎市民攻入凡尔赛宫，将国王和王妃拖了出来。之后，国民议会制定以君主立宪制为基础的宪法并进行选举。君主立宪制是一种保留君主制，但受议会限制的政治制度。

　　没过多久，令国民更加愤怒的事情发生了。路易十六和王后玛丽·安托瓦内特竟然出逃奥地利，幸好途中被人发现。

　　国民议会直接宣布实施没有君主的共和制，并将国王和王后处以死刑。就此，法国的等级制社会正式落下帷幕。

路易十六和玛丽·安托瓦内特

1770 年，16 岁的路易十六与奥地利女王玛丽亚·特蕾西娅 15 岁的女儿玛丽·安托瓦内特订婚后登上王位。路易十六也曾为了成为受人尊敬的国王做过很多努力，但由于意志薄弱、性格胆小，他在政治上并无建树。传闻他有一个特别的兴趣爱好，那就是制作锁具。

和节俭的路易十六不同，玛丽·安托瓦内特是一个十分崇尚奢靡生活的人。她经常举办派对，喜欢时装、珠宝，而且奢侈无度，所以很不受市民的待见。由于她外貌美丽娇艳，在一些社交、音乐、戏剧、美术等聚会中经常被人们称呼为"小精灵"。

法国大革命爆发后，巴黎市民袭击了凡尔赛宫，受到惊吓的路易十六和玛丽·安托瓦内特决定亡命奥地利，却在中途不慎被人发现，最终以叛国罪被处以死刑。

玛丽·安托瓦内特

　　玛丽·安托瓦内特在华丽的王宫里享受奢靡的生活，最终却迎来悲惨的结局。如今，她的故事依然是各种以当时为背景的电影和漫画的素材。

02

革命英雄
拿破仑的登场

看到法国爆发大革命之后，周边的国家顿时陷入紧张的局面当中。因为"人人自由平等和国家主权属于国民"的思想对这些国家的国王和贵族构成了极大的威胁。

为了阻止法国大革命的蔓延，英国、奥地利、普鲁士、意大利等国家决定携手与法国交战。

法国民众为了保卫国家和革命成果而迎战。那时创作出来的《马赛曲》成为如今法国的国歌。

当时的法国革命势力对内要与反对革命的势力做斗争，对外又要抵抗来自国外的侵略，可谓四面楚歌。

不过有一个人在这些战争中建立了赫赫战功，从而脱颖而出，他就是拿破仑·波拿巴。拿破仑出生于科西嘉岛。原本他只是一名默默无闻的普通军人，但在抵御外国侵略的战斗中屡建奇功，一举成为法国的战斗英雄。

事实上，除了法国人之外，其他国家也有很多崇拜拿破仑的人。他们将拿破仑视为"法国大革命的守护神"和"传播法国大革命精神的英雄"。

有一则趣闻，想必很多人都听说过。当初，拿破仑攻入德国时，黑格尔看着他感慨道："那是骑在马背上的绝对精神。"绝对精神是一个个

精神的结合体，也被称作"世界精神"。传说贝

多芬也将自己的第三交响曲题为"献给波拿巴"，

以示对拿破仑的尊敬。

得到全法国国民支持的拿破仑最终通过选举登上了法兰西第一共和国执政官的宝座。而这也使得拿破仑心中沉睡的野心被逐渐唤醒。

最终，拿破仑自行加冕称帝。然而这无疑是违背法国大革命精神的举动。这也让很多原本视拿破仑为法国大革命精神领袖的欧洲学者大受打击。

贝多芬在听闻拿破仑称帝的消息后一气之下直接撕掉了交响曲的封面，并将"波拿巴"一词替换成"英雄"，这就成为我们如今所熟知的《英雄交响曲》。

成为皇帝后，拿破仑陆续向其他国家发动战争，而且屡战屡胜，所向披靡。在与奥地利和俄罗斯的战争中获胜后，法国几乎成为欧洲最强大的国家。

然而在特拉法尔加海战中战败后，拿破仑率领大军远征俄罗斯，却被俄罗斯可怕的寒冬

法国大革命英雄——拿破仑一世

　　拿破仑（1769—1821）在领导法国大革命的过程中成长起来，却通过政变加冕称帝。他实施改革，将法国大革命精神传播到欧洲，从而一度被世人视为英雄。可惜的是，他的野心太大，以致最终迎来了悲惨的结局。

击溃，丢盔弃甲、落荒而逃。尝到这次战败的苦果后，拿破仑的好运气似乎已经用尽。在随后与奥地利、俄罗斯及普鲁士联军的战斗中，拿破仑率领的法国军队再次败北，而拿破仑也被反法联盟流放到厄尔巴岛。

后来，拿破仑逃离厄尔巴岛，返回巴黎，重新执掌军权。然而好景不长，拿破仑在滑铁卢战役中再次败给英国和普鲁士联军，从而被流放到圣赫勒拿岛，并在那里度过了余生。

知识要点

- 法国大革命给包括法国在内的整个欧洲带来了巨大的冲击，而且它所引起的变化至今都在影响着我们。
- 法国与试图阻止法国大革命的其他欧洲君主制国家展开了战争。而在战争中屡建奇功的拿破仑被人们誉为传播法国大革命精神的英雄。可惜的是，人们寄予厚望的拿破仑自行加冕称帝，颠覆了法国大革命精神。

绝对精神
和辩证法

　　目睹着整个欧洲在法国大革命的影响下所发生的一系列变化，黑格尔默默地培养着自己的思想，最终确立了"一切事物都是不断地运动、变化、发展和改造着的，而位于其中心的便是绝对精神"的逻辑。

人生

时代

思想

名言

时事

01

人认识世界的方法

我们为什么要将自己的周边环境称为"世界"呢？因为跟"世界"差不多的"世间"一词只能表达"人类生活的社会"。因此，"世界"要比"世间"的含义更大更广泛。从这个角度来说，"世界"也被称为"宇宙"。

这里的"宇宙"并不是我们肉眼看到的星空，而是指包含所有物质和精神的存在。这就像我们说"世界观"时，其中的"世界"并非指美国、中国等国家一样。

"世界是由什么构成的呢？人又是什么样的存在呢？人与世界之间保持着何种关系呢？"出于这种好奇心理，人们开始接触哲学。这种好奇心会不断变强，同时又会衍生出更多的好奇心。

在人类好奇引发的无数疑问中，"人如何认识这个世界"的疑问一直是哲学中让人苦恼的问题。因为我们眼中所见到的未必就是所有的"认知"。

如此一来，我们就得考虑如何确定自己能够知道什么。处理这种烦恼的知识，我们称之为"认识论"。黑格尔的哲学也源于"认识论"，黑格尔认为人可以基于"认识论"了解国家和历史。黑格尔的认识论必达到"绝对精神"，而且他也通过绝对精神来讲述国家和历史。这也是黑格尔哲学的一大特点。

对于"人如何去认识这个世界，如何掌握真正的知识，也就是如何掌握真理"的答案，大体上可以分为唯理论和经验论。

事实上，"人类如何去认识这个世界"和"我们如何确定自己能够知道什么"是相同的疑问。这些疑问同样也是对我们所知晓的确切知识，也就是对"真理"的疑问。

唯理论主张人天生具有理性，而经验论则主张人只有通过体验自己周边的世界才能知晓真理。

例如，想要知道什么是圆。经验论者们就会研究世上的各种圆，他们会用眼睛看、用尺子量，然后综合收集来的资料对圆的概念进行定义；唯理论者们则会以圆的概念——"圆是到定点的距离等于定长的所有点的集合"为出发点，即由于我们知道圆的定义，所以在看到

周边的圆时，才会发出"啊，原来那就是圆"的感叹。

那么，黑格尔是如何回答这一问题的呢？黑格尔认为人和世界是不可分割的。如果人和世界是密不可分的关系，那么就没有必要争论是人类的理性重要还是对世界的经验重要的问题，经验论和唯理论的对立毫无意义。

黑格尔认为人的认识能力会经历下面四个发展阶段。

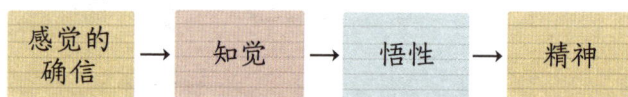

感觉的确信 → 知觉 → 悟性 → 精神

第一个是感觉的确信阶段。"感觉的确信"虽然听起来有点晦涩，但其实指的就是通过视觉、嗅觉、听觉等感觉器官遇到"对象"的阶段。例如，当我们面前有一辆汽车时，我们能够通过感觉器官收集到它的形状如何、会发出何种声音等信息。

黑格尔曾担任过教授的柏林大学

在柏林大学担任教授期间，黑格尔一直都在集中精力做研究，而且在哲学界深受人们的敬仰。后来，柏林大学于1949年改名为现今的柏林洪堡大学，以纪念大学创办人、德国著名教育改革家威廉·冯·洪堡兄弟。

第二个是知觉阶段。在这个阶段，我们能知晓位于自己面前、发出"轰轰"声响的是汽车，而且哪怕不是面前的车辆，见到的任何一辆车，我们都能知道它是汽车。无论是我家的车，还是邻居家的车，又或是行驶在街道上的车，它们都属于汽车。即我们会意识到带有四个轮子，同时通过引擎发动的载具便是汽车的事实。

第三个是悟性阶段，也是发现本质的阶段。在这个阶段，我们需要更高的认知能力。例如，在经历汽车启动或停止时身体向后或向前倾斜的现象后，我们能发现惯性定律这一本质。这里所说的现象是指我们看到的样子。本质是隐藏在现象中的定律，同时也是现象发生的原因，因此当车辆突然停止时，我们的身体向前倾斜的表现是现象，而这种现象出现的原因，即本质是"惯性定律"。

惯性定律

任何物体都要保持匀速直线运动或静止状态，直到外力迫使它改变运动状态为止。这就是牛顿发现的惯性定律。惯性定律在我们的日常生活中很常见。从上面的实验中我们可以得知，在抽掉底盘之前，鸡蛋会一直待在原位。

第四个是认识能力最高的精神阶段，因此人的意识所掌握的内容与本质是一致的。在这个阶段，我们通过眼前的现象领悟其本质，从而获得真理。即精神与人所认识的世界相等，也就是真理。

这里所说的精神指的并不是所有人的精神，而是人类中最睿智的孔子、佛祖等圣人具备的精神。

　然而若是仔细观察人的认识能力发展的过程，我们就会发现高阶段是以低阶段作为踏板和否定对象进行发展的。

　不过这种否定并不意味着之前的阶段是错误的，而是指摆脱之前的阶段，成为崭新的阶段，就像通过领悟获得真理一样。

　当然，精神会一刻不停地前行。但就如胎儿慢慢地经过长期摄入营养，摆脱单纯体形增长的局面，呱呱坠地，成为婴儿一样，精神也会慢慢地、静静地朝着崭新的形态成熟，同时依次摧毁之前的世界建造的房屋。

　　　　　　　——摘自《精神现象学》

就如精神会依次摧毁之前的世界建造的房屋一样，认识能力也会从低阶段朝着高阶段发展。不过黑格尔认为不只人的认识能力如此，世间的一切事物都会遵从这一原则。这便是黑格尔整理出来的辩证法原理。

02

一切都在变化、发展

一提到"辩证法"，人们往往会联想到黑格尔。但事实上，黑格尔并非第一个主张辩证法的人。辩证法的源头可以追溯到古希腊时期。

"辩证法"一词最初源于古希腊的"对话法"。最先提及这个词的人是古希腊的哲学家——芝诺①。他提出了阿喀琉斯跑不过乌龟的"芝诺悖论"。

阿喀琉斯是古希腊神话中的英雄人物，他是凡人英雄珀琉斯和海洋女神忒提斯之子，阿喀琉斯拥有刀枪不入的身体，唯独脚后跟上有一个致命的死穴。可惜的是，后来阿喀琉斯还真因脚后跟中箭而死亡。

阿喀琉斯还有一个特长，就是跑得极快。传闻他是古希腊奔跑速度最快的人。作为神的儿子，而且跑得如此之快，可他为什么赛跑会输给走路慢腾腾的乌龟呢？

事实上，阿喀琉斯和乌龟赛跑的经过是这样的：假如他们两个同时出发，胜出的肯定是阿喀琉斯。但若是乌龟先出发，结果则会截然相反。因为阿喀琉斯想要超越乌龟，就必须先

---

① 芝诺（约公元前495—公元前430）：古希腊数学家和哲学家，公元前5世纪时期爱利亚学派中的一员，以"芝诺悖论"而著称。

乌龟的出发点　　　阿喀琉斯的
　　　　　　　　　　出发点

抵达乌龟曾经过的地方。

　　假设乌龟先于阿喀琉斯 100 米出发。

　　当阿喀琉斯跑到 100 米远也就是乌龟的出

发点时，乌龟说不定已经向前跑了 1 米远。当阿喀琉斯再次向前跑了 1 米，抵达乌龟之前经过的地点时，乌龟说不定已经向前跑了 10 厘米。当阿喀琉斯再次追赶 10 厘米时，乌龟说不定再往前跑了 1 厘米。以此类推，当阿喀琉斯不断地追赶乌龟时，乌龟同样也在不断地向前移动，所以阿喀琉斯永远无法超越乌龟。

这就是芝诺的悖论，尽管不符合现实，但逻辑上并没有错误。至少大部分听过芝诺故事的人都很难找出其中的错误。

事实上，芝诺之所以提出这种悖论，是为了告知世人很多他们认为理所当然的事情，实际上并不一定正确。例如，人们都觉得人比乌龟跑得快，但芝诺却提出了不同的意见。想来当时听过芝诺悖论的人都被驳得哑口无言。

苏格拉底以使用对话法而著称，但事实上，对话法是当时包括芝诺在内的很多哲学家常用的一种方法。这种通过反复的提问和回答，找出新答案的对话法就是辩证法。

然而黑格尔认为辩证法不仅出现于反复的提问和回答中，还出现于现实生活中。即他认为世间万物都会经历朝着更高阶段发展的辩证过程，而辩证法也是正—反—合的过程。

以河水为例。大家觉得早上看到的河水和现在看到的河水是相同的河水，还是不同的河水？早上看到的河水（正）早已流淌而去，而现在看到的河水（反）则是早上看到的河水上游的河水奔流下来的，因此早上看到的河水和现在看到的河水是不同的河水。正因如此，赫拉克利特才会说"人不能两次踏入同一条河流"这句话。

黑格尔主张世间一切事物都会像河流一样经历正—反—合的辩证过程变化和发展，而变化的原因则是这个世界充满了矛盾。

热衷于黑格尔哲学的马克思

　　卡尔·海因里希·马克思（1818—1883）在柏林大学时，十分痴迷于黑格尔哲学。尽管后来也批评过黑格尔的绝对精神，但对于辩证法，他却十分推崇。马克思作为共产主义运动的开创者，追求的是一个人人平等的世界。

"矛盾"一词往往给人一种"引发问题"和"不可取"的感觉,但黑格尔却认为它是一种引发变化的原因;是与好坏无关、世界原本的道理。

举一个空调的例子,试着将正—反—合的原理代入进去看看。开空调虽然凉爽,但风很大,长时间吹着会头疼,甚至还有可能引发感冒。为了解决这个问题,人们研发出新的空调。这种新空调吹出来的风十分接近自然风。

原本的空调是正。但由于风太大,所以存在一些问题,这个问题就是反。为了解决这个问题,人们采用新的技术研制出了新型空调。这种为了克服问题制造出来的新型空调就是合。要知道,空调会不断重复这样的过程持续发展下去。

众所周知,空调是利用科学技术制造出来的,但假如新型空调吹出来的是自然风,那么

意味着空调回到了利用科学技术之前的状态，

所以这是不是一种退步呢？我们可以参考一下

螺旋楼梯。当我们顺着螺旋楼梯走了一圈时，

正	原本的状态：包含矛盾，也就是问题。空调吹出来的风是凉爽的，但这种风并不是自然风。
反	正的反面：发生问题。风太大，不利于健康。
合	从正和反发展出来的新结果：寻找解决问题的对策。研发出吹出来的风很接近自然风的空调。这种风既凉爽又不会对人体产生危害。

看着像是返回到了原点，但其实是往上走了一层。

　　由此可见，世间万物都在变化、发展，因此经历一次正—反—合的过程后，它们并不会就此停止，而是会不断地变化、发展下去。即正—反—合的过程并不会止于一次，而是会不断地重复下去，而且每次重复时，之前的合会成为正，然后继续经历反和合的过程。

在空调的例子中，如果把没有空调的夏天的炎热状态定义为正，那么想要否定夏天酷暑的行为（想法）就是反，而经过一番苦思冥想研究出来的空调则是合。前面说过，合会再次成为正，所以空调就是正。如此一来，太过强劲的风就是反，而为了克服这种缺点研发出来的、能够吹出"自然风"的空调则是合。

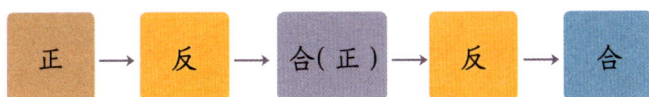

正 → 反 → 合(正) → 反 → 合

这便是空调的发展过程。不过，这里面最后一个阶段的"自然风"并不意味着空调吹出来的风返回到曾经没有空调时的自然风。事实上，它是经过正—反—合的过程发展出来的风。另外，人们能够在需要的时间、需要的地点吹到凉爽的风也是一种发展。

正	地心说：太阳绕着地球转。
反	矛盾：与观测结果不符。为什么呢？
合	日心说的登场：地球绕着太阳转。

可见人的精神世界同样会经过正—反—合的过程发展。

既然必须发展，那何不按一条直线发展呢？如此一来，既省力又省时不是更好吗？直线式发展和螺旋式发展又存在何种区别呢？直线式发展不包含以前的阶段，但黑格尔的辩证法又会经历正—反—合的过程。这里的合是相加的意思。如果说直线式发展意味着舍弃之前阶段的一切并朝着崭新的阶段前进，那么合就意味着包容之前的正和反，并且朝着崭新的阶段前进。

在黑格尔的认识论中，人的认识能力在发展时会否定之前的阶段，但此时的"否定"指的并非完全舍弃，而是指一种崭新的发展。

在解释正—反—合时，黑格尔表示合会成为新的正。反过来讲，正原本也是合，而且还是从之前阶段的正发展过来的合。

因此，哪怕现在发现了矛盾，至少比之前有进步，所以全部舍弃并不合理。最好的方法是包容之前的进步，朝着新的合发展。

如果用空调的例子解释的话，舍弃之前阶段的一切意味着因空调吹出来的风太冷而直接研发出新的机器；包容之前阶段的发展则意味着去改善空调的性能。

03

推动世界发展的动力

世间万物变化和发展的理由是什么？另外，退步的情况也有可能发生，但黑格尔为何就认为所有的事物都在发展呢？

事实上，黑格尔也认为会有退步的情况发生，但从整体上看，它只占整个过程的很小一部分，而且还是暂时性的，是为了更好地发展。即短暂的退步是为了更好地发展。

如此一来，当事物不断发展，世上只会剩下最美好的东西。到那时，我们就可以认为发展进行到了完满的阶段。因此，朝着完满前进便意味着朝着绝对精神前进，而这就是黑格尔辩证法的核心。

黑格尔主张令万物朝着完满方向发展的动力便是绝对精神，而世间的一切都是绝对精神的外在表现。

黑格尔所说的绝对精神指的并不是宗教中提及的人格神，而是一种完满的理性。在他看来，理性也会经历正—反—合的变化发展，而

| 绝对精神 | 神 | 完满理性 | 世界 |

泛神论的代表人物——斯宾诺莎

　　斯宾诺莎是一位哲学家，同时也是泛神论的代表人物之一。他主张"自然即神化身"的理论。泛神论指的是不认可自然和神的对立，同时认为自然就是神的化身的宗教观和哲学观。

经历这一过程，达到所能发展的最高点时所完成的理性便是绝对精神。对于黑格尔来说，绝对精神就是神，而世界则是这个神的完满理性的表现，因此神就等于世界。

我们或许可以这么理解：对于黑格尔来说，神是全知全能的存在。神无所不能、无所不在。即神存在于世界的任何地方，甚至世界本身就是神的化身。由于他的这种观点与"自然即神的化身"的泛神论思想很接近，所以也有人称黑格尔的主张为泛神论。

黑格尔认为，神是完满的存在，但世界却不然，而正是由于尚未完满，所以它才能持续朝着绝对精神前进。换句话说，朝着完满前进的行为就是受到绝对精神的影响所致，因为神无所不在。

04

朝着绝对精神前进的历史

黑格尔还将自己的辩证法套用在历史的发展上。要知道，当时是法国大革命的风潮袭来的年代；是绝对君主制崩塌、民主制登场的年代；是从封建主义朝着资本主义过渡的年代。

西方的历史从奴隶时代过渡到中世纪封建时代，然后再从中世纪封建时代过渡到近代资本主义时代。黑格尔一直试图用自己的哲学思想去解释这一过程。这便是辩证法。

与当时的欧洲强国英国和法国相比，德国是一个相当落后的国家。当时的德国不仅没能推翻封建统治，就连国家都没有统一，经济上更是十分落后。在这样的情况下，法国大革命的爆发无疑给德国的读书人带来了极大的希望。

有一则故事能够说明黑格尔当时有多么支持法国大革命。传闻大学时期听到法国大革命爆发的消息后，黑格尔与自己的同窗挚友们一起到树林中栽种了一棵"自由之树"，然后绕着它热情地狂舞，以庆祝法国大革命的爆发。此后，每当到了法国大革命的纪念日，黑格尔都会举杯庆祝。

黑格尔将法国大革命提倡的近代民主主义体制的资本主义视为绝对精神。后来，这一点遭到共产主义的开创者马克思的批评。马克思虽然深受黑格尔辩证法的影响，但也批判过黑格尔，同时发展自己的哲学思想。马克思认为资本主义并非世界的尽头，在它之后还有一个共产主义。

假如一切都会变化、发展，资本主义自然也不例外。另外，我们之所以学习哲学，并非因为它所说的都是正确的。哲学家们也会相互批判彼此的思想。学习哲学也绝非简单地记忆

谁说过什么话、它又是什么意思等内容。虽然了解哲学家们的思想也属于学习哲学的范畴，但绝非全部。事实上，学习哲学的真正目的是通过批判其他哲学家们的思想来培养自己正确思考的能力。

知识要点

- 黑格尔主张包括人的认识能力在内，世间的一切都会从低阶段朝着高阶段发展。这便是辩证法。
- 黑格尔认为万物都会经历正—反—合的辩证过程，而导致其变化的原因在于矛盾。换句话说，事物会在解决矛盾的过程中变化和发展。
- 黑格尔表示绝对精神会令万物朝着完满状态前进，同时令其变得可能。黑格尔的绝对精神是一种完全的理性。在黑格尔看来，绝对精神就等于神，亦等于世界。
- 黑格尔认为历史的发展也是一种朝着绝对精神前进的过程，因此法国大革命也是一种绝对精神的表现。

黑格尔的名言名段

　　人类的历史会在寻找解决矛盾的方法的过程中，不断朝着更好的方向变化。即历史的发展是一种想要实现绝对精神的斗争过程。

——黑格尔

人生

时代

思想

名言

时事

01

主人和奴隶的辩证法

黑格尔认为，人类历史的变化过程同样是朝着绝对精神前进的过程。

从某个角度来讲，说人类的所有历史都是斗争史也不为过。因为所谓的历史不外乎是人与人的争斗、部落和部落的争斗、国家和国家的争斗历史。

人为什么如此喜欢争斗呢？

黑格尔认为人之所以喜欢争斗，是因为内心中存在一种想要获得别人认可的欲望。即无论是想要赚更多的财富，还是想要获得更大权力的行为，均是为了获得他人的认可。

若不能获得别人的认可，或者说不能获得社会的认可，那么钱和权都将失去其原本的意义。黑格尔的这种思想与卢梭的思想一脉相承。

总之，在争斗中获胜的人会成为统治阶级，也就是主人；而失败的人则成为被统治阶级，也就是奴隶。主人不仅可以命令奴隶做任何事情，还可以决定他们的生死，即主人可以随意打骂，甚至处死奴隶，而奴隶只能逆来顺受、战战兢兢地活着。

不过劳动并非只有坏处。因为劳动会让他们领悟一些道理。

主人会安排奴隶劳动，而他自己则享受安逸的生活。主人不用打理花园，更不用生火做饭。即他拥有的奴隶可以代替自己劳动。于是，主人从此不再接触物质世界的残酷。因为他与世界的中间隔着奴隶。

没过多久，主人就会变得十分懒惰，甚至什么都不会做。反之，奴隶则通过不断的劳动，学会运用物质法则去征服自然，并通过这种技术性胜利，重新找回支配自然的自由。

由此可见，奴隶的劳动会通过典型的辩证转换，重新归还奴隶自由。起初，奴隶为了活命只能"抵押"自己的自由，但最终会通过劳动成为自然的支配者，重归自由人。

而此刻，不懂得劳动的主人渐渐变得离不开奴隶，从某种意义上成为奴隶的奴隶。

——摘自《精神现象学》

人能通过劳动领悟什么道理呢？答案是自身的力量。但凡劳动必然会有成果。耕地、播种、收获粮食；乘船去海里撒网就能捕到鱼。

没有奴隶，我什么都做不了。

如果只讲劳动，我是否等于成为主人的主人？

通过这个过程，奴隶会对自己的劳动对象有越来越深的了解，也就是他们会对农事和捕鱼有深刻的了解，然后对自己的这种能力产生自信。

如果用辩证法的过程，也就是用正—反—合的过程进行解释便是：

通过"隶属于主人的劳动（正）"，奴隶会

"对自己的劳动对象有深刻的了解（反）"，然后对于自己拥有的能力产生"自信，也就是独立意识（合）"。

那么，奴隶主人的情况又如何呢？由于"奴隶承担了所有的劳动（正）"，所以"只能去依赖奴隶（反）"，甚至没有奴隶就什么都做不了，因此离开奴隶就"无法独自生存（合）"。如此一来，究竟谁是主人，谁又是奴隶呢？

奴隶可以离开主人独自生存，因为他们拥有通过劳动获得成果的能力。然而主人无法离开奴隶独自生活，因此主人成为奴隶的奴隶，而奴隶则成为主人的主人。由此可见，劳动会通过辩证的转换，归还奴隶自由。

究竟是什么让主人成为奴隶，同时让奴隶成为主人的呢？那就是劳动。可以说只有劳动才是人类生存中最重要的手段。

02

凡是合乎理性的都是现实的；凡是现实的都是合乎理性的

黑格尔认为世间万物都在辩证地变化、发展，而其过程会受到绝对精神的影响。

历史同样如此。绝对精神是完满理性，所以也可以认为是理性在驱动这个世界。

凡是合乎理性的都是现实的；凡是现实的都是合乎理性的。

——摘自《法哲学原理》

"凡是合乎理性的都是现实的"意为理性会表现为现实；反之，"凡是现实的都是合乎理性的"意为表现为现实的都符合理性，同时正是因为符合理性，所以值得期待。

黑格尔亲眼看到了这一点，那就是法国大革命。法国大革命是洛克、卢梭等人的思想和受到他们影响的人们的思想改变现实的事件。即是一种理性表现为现实的情况。

然而按照黑格尔的理论，假如现实符合理性，而且值得期待，那么人就应该满足于当前的现实，但世界上总会存在贫富差距、腐化堕落等各种问题。假如黑格尔的话是正确的，这些问题理应不存在，毕竟现实是理性的、是值得期待的。

出于这种原因，黑格尔的主张也曾受到很多人的批判。因为某些人会将其作为压迫那些期待变化的人的根据使用。例如，假如存在一个压迫平民的独裁者，那他很有可能以黑格尔的理论作为自己独裁正当化的依据。

03

密涅瓦的猫头鹰
在黄昏起飞

　　罗马神话中的智慧女神密涅瓦相当于古希腊神话中的雅典娜。传闻密涅瓦很喜欢猫头鹰，无论到哪里都会将它放在肩膀上。于是，猫头鹰成为罗马人心中智慧和哲学的象征。另外，猫头鹰能够灵活地转动脑袋观察四周，很符合智慧和哲学的形象。

　　而黑格尔所说的密涅瓦的猫头鹰正是指哲学，也就是自己心中哲学所代表的责任。另外，黄昏是指时代的黄昏，也就是当一个动荡的时

密涅瓦和猫头鹰

　　密涅瓦是罗马神话中的智慧女神，到哪里都喜欢带着猫头鹰。智慧女神在希腊神话中则被称为雅典娜，是希腊雅典的守护神。上面的雕刻现收藏于希腊雅典卫城博物馆。

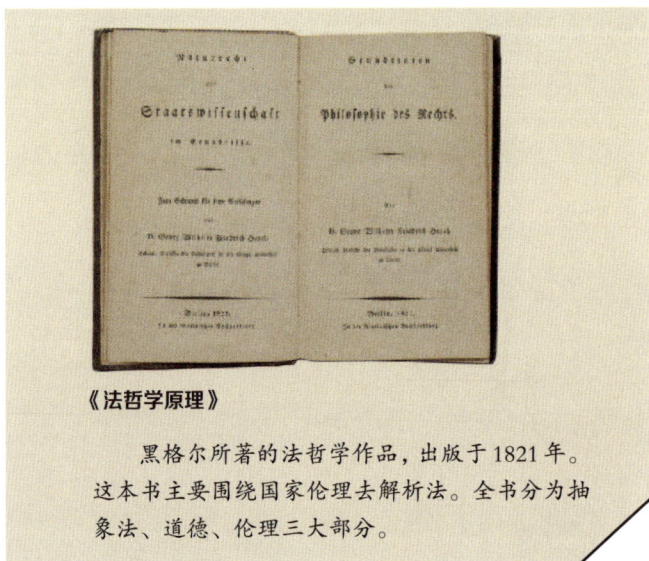

《法哲学原理》

黑格尔所著的法哲学作品，出版于1821年。
这本书主要围绕国家伦理去解析法。全书分为抽
象法、道德、伦理三大部分。

代结束时，哲学才会有所作为。

那么，哲学是否只能对过去的事情进行反
省呢？任何事情，想要做出冷静、客观的判断，
就必须跳出来，隔着一定的距离，以旁观者的
身份进行观察，即事后往往能更准确地看清事
态、判断未来。

黑格尔目睹的法国大革命也是如此。革命爆
发之后，革命势力便分裂成保守派和激进派，而且

牺牲了很多人。就连拿破仑也是看似在推动革命，实则却自行加冕称帝，完全背叛了革命的初衷。

面对这样的混乱局面，人们很难做出正确的判断。因此，只有在所有的事情都结束之后，哲学家们才能在宁静的黄昏中仔细思考问题，整理过去的事情，从中找出新的意义，这也是哲学家们的责任所在。

知识要点

- 主人会命令奴隶劳动，但从劳动的角度上来说，奴隶会通过辩证的转换，从劳动中获得自由，而主人则只能成奴隶的奴隶，什么都做不了。
- 黑格尔主张完满理性——绝对精神会推动世界前进，同时理性终究会表现为现实。法国大革命便是如此。
- "密涅瓦的猫头鹰在黄昏起飞"意为只有在混乱、动荡的时代结束之后，哲学才能回顾和认识过去，而这也是哲学的责任所在。

什么是正确的方向

　　辩证的过程是朝着正确的解决方法变化和发展的。经济也会经历这样的过程，当企业创造收益时，社会也会恢复生机。但是假如企业只顾眼前的利益又会如何呢？

人生

时代

思想

名言

时事

01

优先成长，
还是优先分配

在讨论经济政策时，"成长和分配，哪个优先"的问题一直是人们争论的焦点。认为成长优先的人主张只有经济先得到成长，民众的福利才能得到改善；而认为分配优先的人则主张既然社会上还存在连饭都吃不上的贫困之人，就应该优先提高民众的福利。

那么，这两种主张哪个对、哪个错呢？以韩国为例，一直以来，韩国都侧重经济成长，以至于韩国国会上提高民众福利的呼声越来越大，一些政治家和专家对此也各持己见，没能达成共识。

黑格尔的辩证法认为一切事物的发展都要经过正—反—合的过程。这里的合指的是相加。那么，究竟是什么和什么相加呢？答案是正和反相加。

当正产生矛盾时，解决的方法并不是完全摒弃正，而是朝着包容正和反的方向前进。

世上有太多问题需要我们去解决，而且每次都会有两种对立的主张出现。这时，我们不能因为觉得哪种主张正确就一味地朝着那个方向前进；也不能因为觉得哪种主张错误，就将那个方向完全舍弃。我们应该做的是朝着将两种主张融合的新方向前进。

从国家的角度来说，成长和分配同样重要。这里所说的分配指的是通过福利政策，将成长的收益分配给社会上的弱势群体——贫困的人。成长的收益是企业通过经济活动获得的。即国家以赋税的方式，收取企业通过经济活动获得的收益，再分配给社会上的弱势群体的行为便是分配。

从企业的角度来说，相较于为了分配缴纳更多的赋税，它们更希望将这笔钱投资到自己的成长上。它们觉得企业成长了，就能雇用更多的人，所以会自然地形成一种分配。因此，企业的成长对于国家也很重要。

稳定社会中的成长和分配

然而并不是所有人都能受到企业的雇用。农民、个体户及其他许多社会上的弱势群体，都不一定会受到企业的雇用。

假如分配落实不到社会弱势群体的身上，使得贫富差距越来越大，成长便失去了意义。因为贫富差距加大便意味着贫困的人越来越多，这样一来必然会导致社会的混乱。

如果社会陷入混乱，企业就无法正常进行有益于成长的经济活动。因此不应将成长和分配的优先顺序视为"非黑即白"的选择题，而是应该从国家的层面出发，用更长远的目光，寻找更加合理的对策。

我们应树立为了成长而分配、为了分配而成长的思维。即当有对立的意见出现时，我们不应该单纯地支持其中的一个主张，而是要想一想有没有一个折中的对策。

02

黑格尔和马克思

黑格尔的思想对后世的哲学家们产生了很大的影响。事实上，黑格尔去世后，很多哲学家都继承了他的思想。这些人大致可以分为两派：黑格尔左派和黑格尔右派。

黑格尔所说的"凡是合乎理性的都是现实的；凡是现实的都是合乎理性的"这句话可以分为两种相反的理解。"凡是合乎理性的都是现实的"可以理解为人的理性可以改变世界;"凡是现实的都是合乎理性的"则可以理解为当前世界是最理想和最值得期待的。其中,黑格尔左派支持前者,黑格尔右派支持后者。

简单来说,黑格尔左派是激进派,黑格尔右派则是保守派。马克思便属于黑格尔左派。

马克思的思想起初比较靠近黑格尔左派,不过后来他对共产主义更感兴趣。

马克思批判黑格尔的观念论(唯心论)哲学,主张唯物论哲学。如果说观念论跟之前提及的"凡是合乎理性的都是现实的;凡是现实的都是合乎理性的"一样,是强调理性,也就是强调人类精神的思想,那么,唯物论则是强调包括人在内的物质的思想。

换句话说,如果我们只从精神的角度看待世界,这就是观念论;反之,若是我们用物质的发展过程来看待世界,这就是唯物论。简单来说，如果认为是神创造了人，就是观念论；而认为人是一种进化的产物，就是唯物论。

黑格尔认为劳动能让人自由。在主人和奴隶的关系中，通过劳动，主人成为奴隶，而奴隶则成为主人。奴隶会通过劳动习得技术，最终支配自然，也因此获得自由。反观不参与劳动的主人会变得没有奴隶就无法生存，于是，

通过劳动，奴隶会成为主人，而主人则会成为奴隶。

他便成了只能依赖奴隶生存的奴隶的奴隶。

然而马克思却主张劳动不仅有积极的一面，也有消极的一面。那么，什么是劳动消极的一面呢？

马克思所关注的劳动是他所生活的时期，也就是资本主义时代的劳动。由于马克思认为资本主义必然会转变为共产主义，因此他所研究的对象自然也是资本主义时代的劳动和劳动者。马克思认为资本主义时代劳动的消极层面是"劳动异化"。

劳动异化包括人与劳动活动相异化、人同自己的类本质相异化、人同自己的劳动产品相异化、人同人相异化等。

资本主义的特征之一便是大量生产。工厂规模越来越大，从而生产出更多的商品。劳动者们的工作也与之前大相径庭。以前，生产任何东西，劳动者都会参与整个过程，因此他们会成为该领域的专家。我们往往称这种人为"匠人"。

然而，在资本主义时代的大型工厂里工作的劳动者再也无法成为匠人。因为他们往往只参与生产过程中一个环节。

例如，拧螺丝的人一天到晚只会拧螺丝，核对产品数量的人一天到晚也只会数产品，即劳动者们只会做简单重复的工作。然而只做这种分工化的作业，黑格尔所说的奴隶成为主人的事情就根本不可能发生。劳动者连技术都无法习得，更别提领悟自然法则，成为自然的支配者了。

在马克思看来，资本主义时代的劳动者无法通过劳动获得喜悦，更无法通过劳动培养和发挥自己的能力。为了生存，他们只能像机器一样进行重复性的劳动。而在这样的过程中，劳动者会与劳动活动相异化。

另一种劳动相异化是尽管劳动者认真地生产物品，但赚来的钱连自己生产的物品也买不起。例如，尽管参与建造高级公寓，但没能力入住；尽管做出了漂亮的衣服，但没有能力买来穿，即自己生产的物品成为与自己无关的商品。

由于劳动者生产的物品无法成为自己的物品，所以产生了相异化。这就使得劳动者无法从工作中获得成就感。黑格尔所说的通过劳动，奴隶成为主人的事情根本不会发生。

但任何事情都存在理论性的一面和现实性的一面，也就是存在积极的一面必然也存在消极的一面。不过无论是黑格尔还是马克思，他们都由衷地希望劳动不再有消极的一面，人们能迎来可以愉快劳动、进一步发展的世界。

通过黑格尔的故事学习哲学

历史是如何发展的？

黑格尔编著的《历史哲学》是一部强调人类理性的作品。这部作品彻底改变了19世纪的人们看待历史的眼光。黑格尔在《历史哲学》中对近代欧洲当时实现历史最先进形态的理由进行了阐述。

在黑格尔的历史观中，最重要的概念就是自由。对于黑格尔来说，自由意味着人能通过思维的力量——理性，摆脱自然的限制。另外，黑格尔还认为历史就是名为自由的理念，也就是绝对精神自行演变、发展的过程。他认为这种自由从古代开始一直延伸到近代。

黑格尔主张历史是名为自由的精神自行发展的结果，而并非人造就了历史。这里所说的自由包含每一个人的自由，而黑格尔将其称为绝对精神。在他看来，历史就是绝对精神为了实现完满的成就而不断前行的过程。

黑格尔将历史的发展分为三个阶段，分别是东方世界、希腊和罗马世界、近代欧洲世界。东方世界是历史的最初阶段；希腊和罗马世界是中间阶段；近代欧洲世界则是超越前面阶段的最高阶段。

　　对于其中的东方世界，也就是当时以中国为代表的东方世界，黑格尔片面地认为无论是古代还是近代都没什么区别，他认为东方世界的文化是停滞的。

　　因此，黑格尔认为，能够自我呈现理性和自由的世界历史自然是以欧洲为中心，而且欧洲也必然是绝对的终点。由此可见，黑格尔在以人的精神和现实统一的方式进行思考，即他片面地以绝对精神对欧洲用武力征服世界的行径赋予了正当理由。

　　黑格尔所生活的时代是从近代过渡到现代

的时期。在康德提出名为"哥白尼式转变"的认识转换之后，继承康德思想的费希特提出了通过"自我"和"非我"的关系去认识世界的自我理论。之后，黑格尔留下"凡是合乎理性的都是现实的；凡是现实的都是合乎理性的"的名言，进一步完善了德国的观念论。

对于从康德到费希特，再到黑格尔的德国哲学的历史，我们只能通过对法国大革命产生重要影响的"启蒙"大趋势进行理解。

法国大革命具有推翻封建君主专制统治，建立资产阶级主导的新政治和新经济体系，解开民众身上的枷锁，使得每个人都成为自己人生的主人等特征。

在法国大革命时期活跃的康德与黑格尔，他们的共同目标是将国家和社会建立在理性的基础上，从而让个人享受到应有的自由和权利。

崇拜康德的费希特

　　费希特（1762—1814）继承康德的哲学思想，进一步完善观念论哲学。在柏林被法国占领期间，他发表了《对德意志民族的演讲》，表明对独立运动的支持态度。此外，他还曾担任柏林大学的第一任校长。

因此，我们要记住：如今人们认为理所当然的"我作为自由人生的主人"的想法并非原本就有的东西，而是通过无数哲学家不断研究和努力形成的结果。

历史中的黑格尔

	西方	黑格尔	东方
1770年		出生于德国斯图加特。	
1774年	德国，歌德发表《少年维特之烦恼》。		
1775年	美国，为了摆脱英国殖民统治掀起独立革命。		
1776年	美国，发表《独立宣言》。		中国清朝乾隆平定大小金川叛乱。
1782年			泰国，拉玛一世建立曼谷王朝。
1783年	英国，在《巴黎条约》中承认美国独立。		
1786年			中国，清朝时期爆发"林爽文起义"。
1788年		18岁时，考入图宾根大学神学院。	
1789年	法国，爆发法国大革命，并颁布《人权宣言》。		
1793年		23岁时，从图宾根大学神学院毕业。	
1796年	英国，詹纳发明牛痘疫苗接种法。		中国，清朝时期爆发白莲教起义。
1801年		31岁时，成为耶拿大学讲师。	韩国，朝鲜纯祖时期发生辛酉迫害。

▲黑格尔

	西方	黑格尔	东方
1804年	法国，拿破仑一世登基。		
1806年	神圣罗马帝国灭亡。	36岁时，因战争成为失业者。	▲拿破仑一世
1807年		37岁时，发表《精神现象学》。	
1808年		38岁时，成为纽伦堡文理中学的校长。	
1809年	法国，拉马克出版《动物学哲学》。		
1811年			中国，清朝政治家曾国藩诞生。
1815年	法国拿破仑在滑铁卢战役中败北。		
1816年		46岁时，成为海德堡大学教授。	
1818年	德国，马克思诞生。	48岁时，成为柏林大学教授，讲授法律哲学和历史哲学。	
1821年		51岁时，出版《法哲学原理》。	
1831年	英国，法拉第发现"电磁感应现象"。	61岁时，感染当时在柏林流行的霍乱不幸去世。	

经验论者 X
唯理论者 X

黑格尔认为有时为了发展，暂时的后退是必需的。世界同样需要经历无数次这样的发展。想一想你在日常生活中是否也有过这样的经历？

请写一写你的想法。

黑格尔所说的"密涅瓦的猫头鹰在黄昏起飞"是什么意思?

请写一写你的想法。

不会劳动的主人会渐渐离不开奴隶的帮助，最终免不了会成为奴隶的奴隶。

抄写一遍这句名言，思考一下它的含义。

凡是合乎理性的都是现实的；
凡是现实的都是合乎理性的。

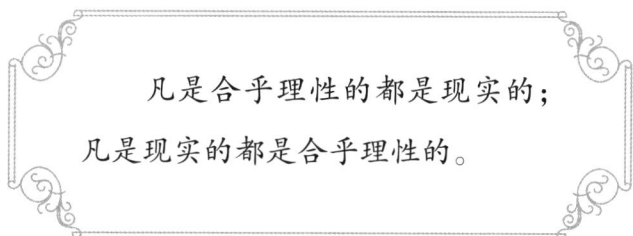

抄写一遍这句名言，思考一下它的含义。

Important Message

密涅瓦的猫头鹰在黄昏起飞。

抄写一遍这句名言，思考一下它的含义。

文｜Goodwill 哲学研究所

Goodwill 哲学研究所创立于 2006 年 10 月。创立人员主要以哲学教育和研究经验丰富的教师为主。他们的宗旨是为小学、初高中生及一些哲学论述教育家们，提供关于创意性思考能力的优质教育内容。Goodwill 哲学研究所以专业的学问为基础，横跨人文和自然领域，致力于传播当今哲学和论述教育所需的整体性、综合性的知识。

※ Goodwill 意为善意，相信人性本善，所以在为每个人都能活出个人样而努力。

研究委员

金南寿（毕业于延世大学哲学专业、Goodwill 哲学研究所所长）

金东国（首尔大学美学硕士）

金彩林（首尔大学美学硕士）

李静雅（延世大学英国文学教师）

朴启浩（高丽大学教育学硕士）

夏金红（东国大学物理学硕士）

徐志英（中央大学德国文学博士）

韩正阳（江原大学韩语教育学硕士）

图｜崔尚奎

曾荣获 LG 东亚国际漫画展、韩国出版美术家协会插画家大奖赛传统童话奖项，现活跃在卡通、漫画、插画等多个领域。

角色设定｜刘南英

毕业于漫画专业，活跃在角色设计和插画领域，致力于给人们传播快乐、梦想及希望。

图字： 01-2022-5699

미니 인문학 시리즈 1-12
Copyright ©2020, Kumsung Publishing Co., Ltd.
All Rights Reserved.
This Simplified Chinese edition was published by The Peoples Oriental Publishing &
Media Co., Ltd. in 2023 by arrangement with Kumsung Publishing Co., Ltd. through
Arui SHIN Agency & Qiantaiyang·Cultural Development (Beijing) Co., Ltd..

图书在版编目（ＣＩＰ）数据

像哲学家一样思考 . 第二辑 . 黑格尔 / 韩国 Goodwill 哲学研究所编著；千
日译 . — 北京：东方出版社，2023.3
ISBN 978-7-5207-2072-4

Ⅰ . ①像… Ⅱ . ①韩… ②千… Ⅲ . ①黑格尔 (Hegel, Georg Wilhelm Friedrich
1770–1831) —哲学思想—青少年读物 Ⅳ . ① B-49

中国版本图书馆 CIP 数据核字 (2022) 第 222939 号

像哲学家一样思考（第二辑）：黑格尔
XIANG ZHEXUEJIA YIYANG SIKAO DI ER JI : HEIGEER
作　　者：［韩］Goodwill 哲学研究所
译　　者：千日

策划编辑：鲁艳芳
责任编辑：王晶晶
出　　版：东方出版社
发　　行：人民东方出版传媒有限公司
地　　址：北京市东城区朝阳门内大街 166 号
邮　　编：100010
印　　刷：天津图文方嘉印刷有限公司
版　　次：2023 年 3 月第 1 版
印　　次：2023 年 3 月北京第 1 次印刷
开　　本：880 毫米 × 1230 毫米　1/32
印　　张：3.75
字　　数：36 千字
书　　号：ISBN 978-7-5207-2072-4
定　　价：180.00 元（全 6 册）
发行电话：（010）85924663　85924644　85924641

什么是生产方式

马克思

［韩］Goodwill 哲学研究所 / 编著

千日 / 译

人民东方出版传媒
People's Oriental Publishing & Media
东方出版社
The Oriental Press

目 录

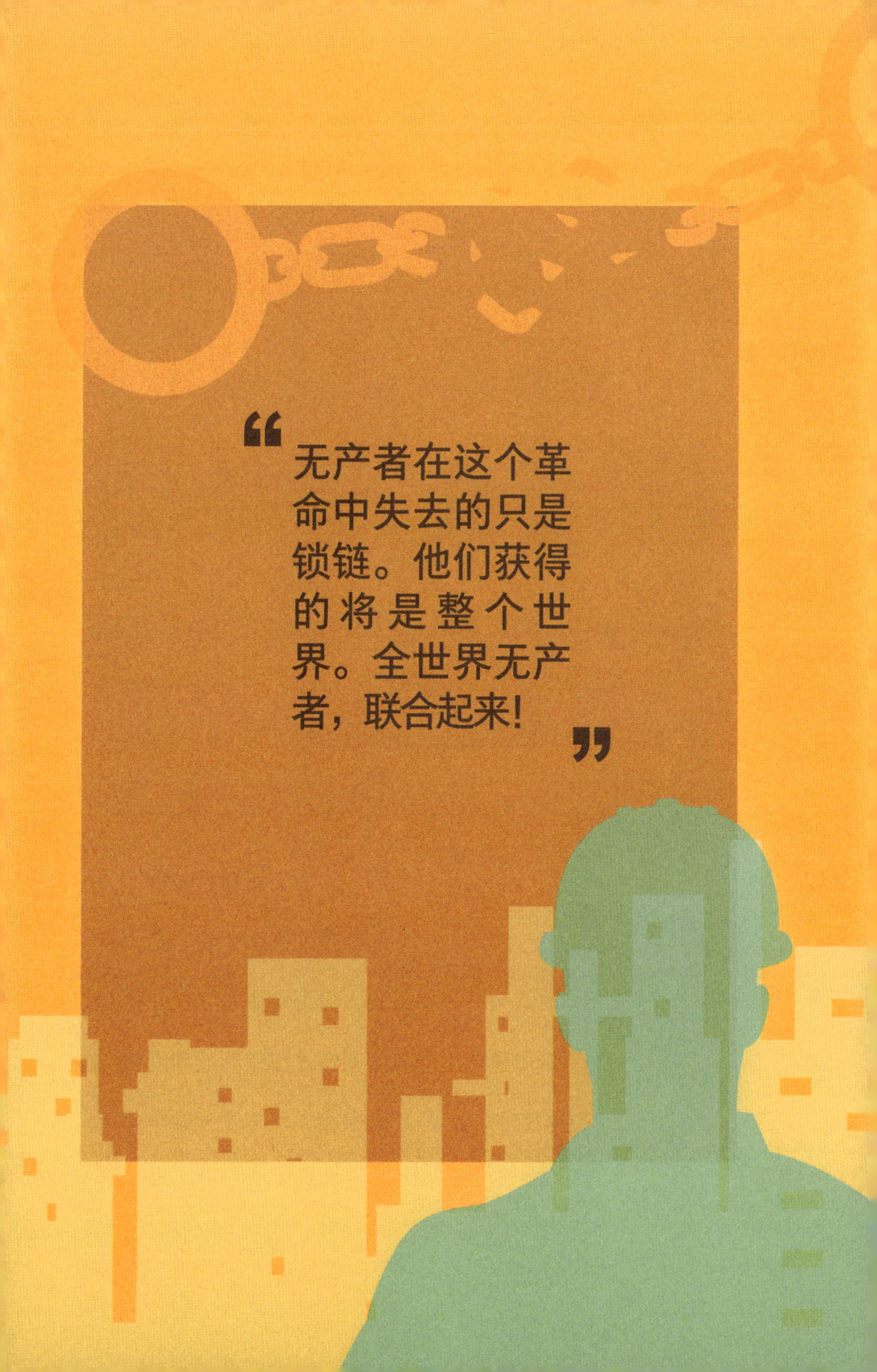
“无产者在这个革命中失去的只是锁链。他们获得的将是整个世界。全世界无产者，联合起来!”

6

由于工业革命爆发，

生产模式发生了极大变化。

于是人们迎来资本主义社会，

资本家和劳动者之间爆发出新的社会矛盾。

在这样的时代，马克思预言了资本主义的终结。

马克思预料的、以无产者为中心的

理想社会是一个什么样的社会呢?

让我们一起进入马克思的哲学故事中

一探究竟吧。

梦想革命的思想家
——马克思

　　马克思将原本只停留在思想领域的哲学转换为现实中实践的"革命哲学"。即便经历多次失败，他也依然向往公平分配、人人平等的社会。那么，他经历了什么样的人生呢？

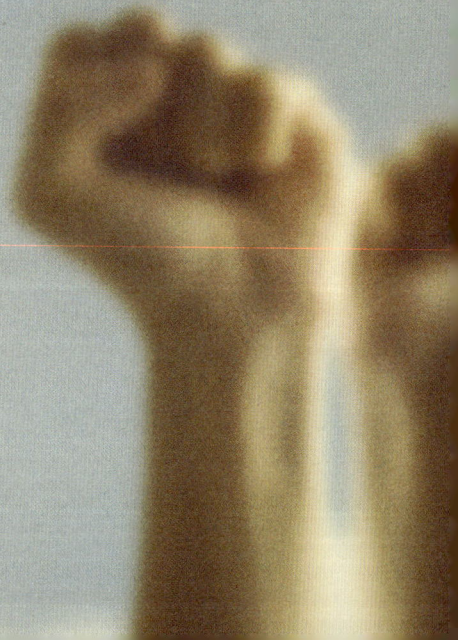

人生

时代

思想

名言

时事

01

一心为人类奉献

卡尔·海因里希·马克思（Karl Heinrich Marx）1818 年出生于德国中西部地区一座名为特里尔的城市。当时，德国无论是经济还是政治都远远落后于欧洲其他国家，甚至还保留许多封建主义①残余。

---

① 封建主义：一种政治制度，在中世纪欧洲主要以领主和农奴之间的关系为基础，是一种上位者以绝对权力统治下位者的政治形态。

直到 1871 年，德国（德意志）才完成国家统一，而在这之前，它已经分裂成 300 多个国家。马克思出生的特里尔属于当时的普鲁士王国。普鲁士王国是德意志地区最强大的国家。

马克思的父亲是一名律师，他深受启蒙主义思想的影响，主张"引导世界的是自由的个人理性而非神的启示"。在当时的欧洲，以上帝为中心的中世纪渐渐落幕，人们开始重视起个人的理性、欲望、希望。马克思自然也受到了这种时代背景的影响。

马克思的父母原本都是信奉犹太教的犹太人，但后来改信新教。当时德国很多人都信奉新教，为了避免遭遇区别对待，他们不得已才更换了自己的信仰。事实上，对犹太人区别对待的，并非只有第二次世界大战时期的德国纳粹分子。从很久以前开始，犹太人在欧洲就饱受歧视。

位于特里尔的马克思故居

马克思从 1818 年出生后至 1835 年一直生活在这里。

马克思 1835 年考入波恩大学。但一年之后，马克思又离开波恩大学，转学到柏林大学学习法律。然而这个时期的马克思真正感兴趣的其实并不是法律。

相较于追求个人的幸福，他一直希望能过一个为社会乃至全人类做出贡献的生活。这一点在他毕业时所写的文章中就有所体现。

如果能够选择一个为全人类奉献的工作……我们说不定就不屑于享受这种寒酸的、有限的、自私的喜悦。因为我们的幸福将成为数百万人的幸福。

在柏林大学中，马克思接触到各种学问，其中哲学是最能令他专注的。后来，马克思被黑格尔的思想所折服，还加入到"青年黑格尔学派"。

"黑格尔学派"是对继承黑格尔思想的学者们的称呼，而当时的"青年黑格尔学派"则是其中最进步的团体。青年黑格尔学派主张通过革命推翻旧的社会制度，建立新的社会制度，即主张通过革命来改变现实社会中存在的问题。

由于积极参加这些活动，马克思被当权者打上了"危险人物"的标签。后来1841年，马克思虽然取得了博士学位，但并没能在大学获得工作。从那时起，他开始过上为生计发愁的漂泊生活。

02

着眼于现实

1842 年，马克思毕业，并主持《莱茵报》编辑工作。在那里，他撰写批判社会现实问题的报道，关注政治经济问题。

同一年，马克思遇到了弗里德里希·恩格斯。日后，他们二人将成为一生的挚友及政治、思想上的伙伴。

马克思当上《莱茵报》的主编之后，由于

经常在报道中抨击资产阶级支配无产阶级的社会现实,《莱茵报》被政府勒令停刊整顿。

在当时,对于像马克思这种主张对现实社会改革的人,普鲁士政府会把他们当成破坏社会稳定的危险人物而进行打压。最终,马克思不得不背井离乡前往法国巴黎,以躲避来自政府的打压。

在巴黎期间,马克思对经济学和法国政治体制进行了深入研究,还创办了《德法年鉴》杂志。在杂志中,马克思刊登了一篇批评黑格尔哲学的文章。文中,他宣布与黑格尔哲学正式决裂,主张农民和工人应该成为历史的主体。另外,马克思还积极参与各种工人聚会,并与法国的社会主义者们频繁交流。

然而巴黎的生活并没有维持太久。普鲁士政府向法国施压,要求将马克思驱逐出境。无奈之下,马克思不得不离开巴黎,前往比利时

的布鲁塞尔。然而普鲁士政府又向比利时政府

施压要求将马克思驱逐，最终，他不得不放弃

普鲁士国籍。也是从那时起，马克思成了一名没有国籍的"世界公民"。

在这段时期，马克思发表《关于费尔巴哈的提纲》《德意志意识形态》等著作，批判青年黑格尔学派。因为他并不认同青年黑格尔学派只知道一味批判，而不在现实中解决问题的态度。

后来，马克思与恩格斯一起致力于打造工人组织。当时，这个名为"正义者同盟"的工人组织在很多国家都设有分部，而马克思和恩格斯更想将它打造成一个共产主义者的组织。

1847年，经过一场在伦敦的聚会，正义者同盟正式改名为"共产主义者同盟"，同时马克思和恩格斯受邀起草同盟纲领，即后来著名的《共产党宣言》。

03

失败的革命和极度贫困

　　1848 年，全欧洲掀起革命的浪潮。法国、德国、意大利等国的平民们纷纷站了出来。法国平民们把国王赶下王座，建立了共和政府；德国和意大利的平民们朝着压迫自己的政府举起了反抗的旗帜。

　　马克思自然也加入到了其中。为了参与祖国的革命事业，他再次返回德国创办《新莱茵报》，为传播革命精神付出了努力。

然而革命最终还是失败了，《新莱茵报》也被查封，马克思被政府强制驱逐出境，不得不前往法国。但是法国的无产阶级革命同样遭遇失败，而他再次被驱逐，逃亡英国伦敦。这一年是 1849 年，马克思此后直到去世，一直都生活在伦敦。不断逃亡和被驱逐的生活就此结束，但他却陷入贫困潦倒的生活。

革命失败后，工人运动陷入低潮，马克思只能专注于研究。他在大英博物馆的图书馆里继续研究经济学。

不过马克思始终无法摆脱贫困的生活。因为他早已被各国政府打上危险分子标签，以致没有人敢雇佣他。

期间，他唯一找到的工作是美国报社的欧洲通讯员职位。不过当这家报社开始公开支持美国南北战争中拥护奴隶制度的南方之后，他便毅然辞掉了这份来之不易的工作。

马克思的生活有多么困苦呢？他的七名子女中有四名皆因饥饿和疾病夭折。假如没有恩格斯的援手，马克思的生活会更加悲惨。

但即使在这样的生活环境中，他也没有放弃《资本论》的创作。1867年，《资本论》终于呈现于世间，此时离他流亡英国过了将近20年。

1881 年，作为革命家的妻子、与马克思同甘共苦一生的燕妮不幸去世。次年，大女儿也去世了。马克思陷入极大的悲痛中。1883 年 3 月，肺炎恶化的马克思坐在椅子上安详地与世长辞。

与他患难与共的恩格斯在葬礼上宣读了这样的悼词：

马克思是当代最遭忌恨和最受诬蔑的人。各国政府——无论专制政府或共和政府，都驱逐他；资产者——无论保守派或极端民主派，都竞相诽谤他，诅咒他。他对这一切毫不在意，把它们当作蛛丝一样轻轻拂去，只是在万不得已时才给以回敬。现在他逝世了，在整个欧洲和美洲，从西伯利亚矿井到加利福尼亚，千百万革命战友无不对他表示尊敬、爱戴和悼念。而我

位于英国伦敦的马克思墓

墓碑上刻着《共产党宣言》。

敢大胆地说：他可能有过许多敌人，但未必有一个私敌。

他的英名和事业将永垂不朽！

其中，恩格斯所说的马克思"未必有一个私敌"包含着许多含义。马克思从未因自己的私利而批判过某个人；他所做的一切都是为了社会整体的利益和人类的发展，而并非为了个人的利益。

知识要点

- 马克思追求的是为社会和人类奉献的人生。到了法国之后，马克思不仅与社会主义者们展开积极交流，还与自己的革命同志恩格斯共同起草了《共产党宣言》。
- 随着全欧洲掀起革命的浪潮，马克思也奋不顾身地加入其中。但最终法国的革命失败，他也被驱逐出境。1867年在英国逗留期间，马克思发表了《资本论》。

革命的浪潮——动荡的时代

在马克思生活的19世纪，革命的浪潮不断涌现，从法国开始的革命星火很快蔓延至整个欧洲。这样的时代环境将会给马克思带来怎样的影响呢？

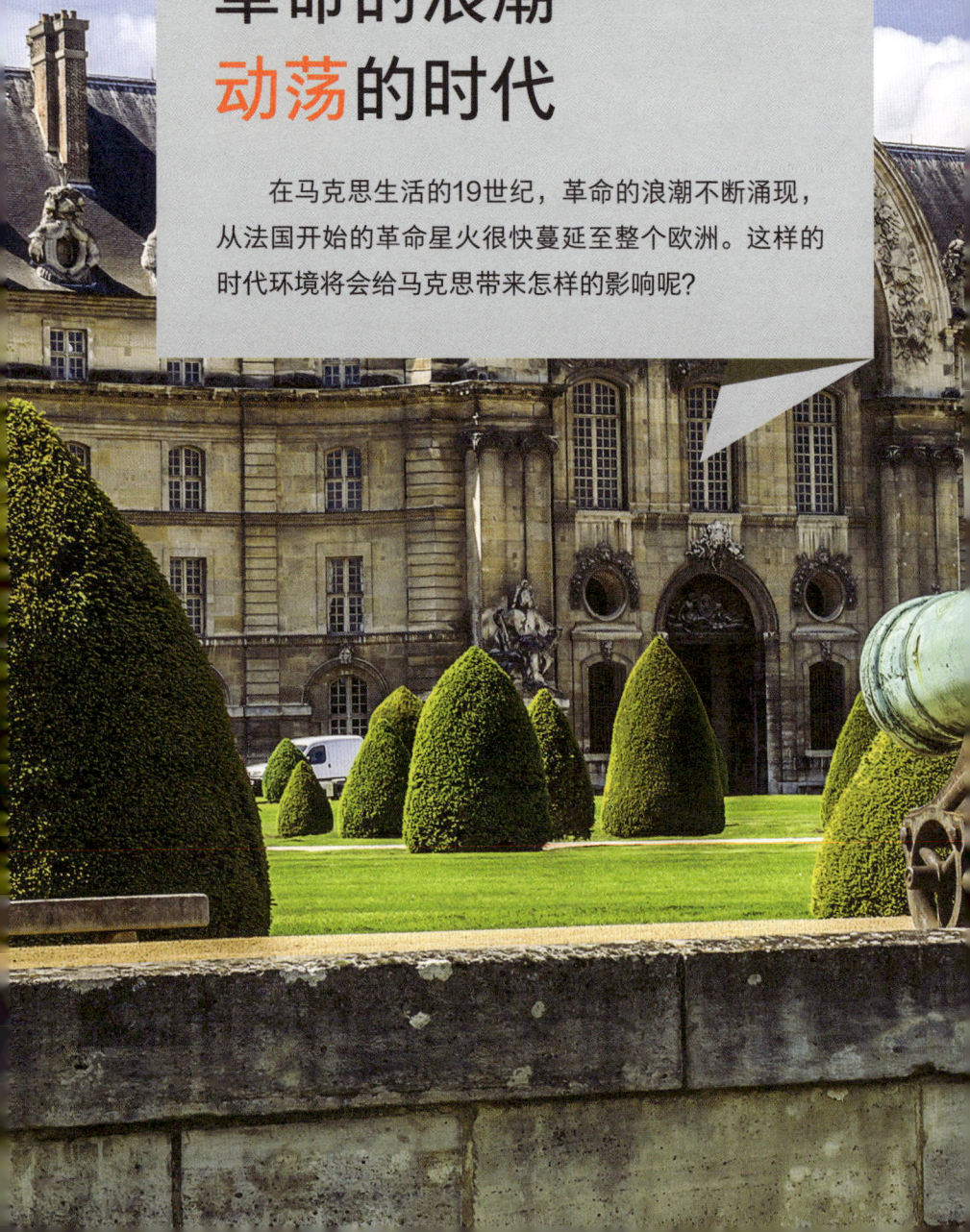

人生

时代

思想

名言

时事

01

七月革命和二月革命

在马克思所生活的时代，欧洲正经历着革命爆发、失败、再爆发的动荡时期。正因如此，社会始终处在动荡不安的状态。

远在马克思出生之前的 1789 年爆发的法国大革命，无疑是一场给整个欧洲和世界带来巨变的重大事件。可以说当时的每一位知识分子，没有一个不受法国大革命影响的。

马克思的思想同样也受到法国大革命的影响。革命爆发后，马克思的故乡也被法国军队占领，那里自然也受到大革命最直接的影响。

　　法国大革命爆发后，法国周边的国家纷纷有了危机感。当时欧洲的大部分国家依然由王室和贵族们统治，他们很担心国内也受到法国大革命的影响，出现推翻君主、建立共和国的

被处死的路易十六

　　受到革命的影响，路易十六不仅被赶下王位，还被判处死刑。

革命呼声。

当法国国王路易十六和王后玛丽·安托瓦内特被处死后，欧洲各国的危机感变得愈发强烈。王后玛丽·安托瓦内特出嫁之前是奥地利公主，因此奥地利联手各国，试图用武力镇压法国大革命。

原本就需要与内部的反革命势力做斗争的法国革命势力，一时遭遇腹背受敌的困境。而就在此时，一位救世主般的巨星登场，他便是

《跨越阿尔卑斯山圣伯纳隘口的拿破仑》
| 雅克－路易·大卫，1801 年作

这幅画绘制的是拿破仑·波拿巴在发动马伦哥战役前越过圣伯纳隘口时的情景。

拿破仑·波拿巴。原本拿破仑只是一名普普通通的下级军官，但随着屡次带领军队在战役中获胜，他很快便成为领导整个大革命的英雄人物。

接连不断的胜利使得拿破仑独揽军政大权，不久他发动政变，于1804年改共和国为帝国，并登上皇帝之位。

成为皇帝后，拿破仑向整个欧洲宣战。英国、俄罗斯、奥地利、普鲁士等国组成反法同盟与之对抗，但陆续被拿破仑率领的法国军队击溃。

不过在1805年与英国的特拉法尔加海战中，拿破仑尝到战败的苦果。在这场战斗中，纳尔逊率领的英国舰队将法国舰队歼灭殆尽。此次战败后，为了孤立英国，拿破仑下令封锁海域，颁布切断欧洲大陆和英国贸易的《大陆封锁令》。不过俄罗斯并没有遵守这一条令，使得震怒的拿破仑率领大军远征俄罗斯，却被俄罗斯可怕的寒冬所阻挡，不得不撤退。

　　受到接二连三的打击，拿破仑最终败给反法同盟军。战败后，拿破仑被迫退位，并被流放到厄尔巴岛。后来，拿破仑越狱逃离厄尔巴岛，再次登上皇位，但没能力挽狂澜。在滑铁卢战役中拿破仑再次败给英国和普鲁士联军，从而被流放到圣赫勒拿岛，并在那里度过余生。从拿破仑逃回法国到战败退位，一共 101 天，史称"百日王朝"。

　　击败拿破仑后，欧洲各国企图将法国重新扭转到革命爆发之前的状态。于是，路易十六的弟弟路易十八继承王位，再后来由查理十世 ①继承。

---

① 查理十世（1757—1836）：法国国王，同时也是国王路易十八的弟弟。拿破仑覆灭后，查理十世归国并积极开展复辟运动。1824年，他如愿以偿地登上王位，但于1830年7月因七月革命流亡英国。

《引导民众的自由女神》 | 德拉克洛瓦，1830 年

作品描绘了 1830 年在法国巴黎爆发的七月革命。

查理十世是法国革命期间积极开展反革命运动的人物之一。他上位之后，立即推行一系列优待贵族、压制言论等反民主政策。于是1830 年 7 月，市民们再次发动革命，将查理十世赶下王位，这便是我们所知的"七月革命"。

当时，主导七月革命的势力分为两股：一

路易·菲利普

（1773—1850）

路易·菲利普受其父影响，很早便支持市民一方。虽然他是王室成员，但敢于批评王室，所以被人称为"平等的菲利普"。

股是主张共和政体的势力；一股是主张立宪君主制的势力。最终，主张立宪君主制的势力占据优势，拥立路易·菲利普成为新的国王。

作为一直支持法国革命的人物，路易·菲利普曾颁布很多超前的政策，被人们奉为"市民之王"。当上国王之后，他一开始并没有做出违背国民期待的举动，然而随着时间的流逝，他开始实施对富有的金融资本家有利的政策，政府官员们也开始贪污腐败。

对此，国民们希望能改革选举制度，但迎来的却是来自政府的武力镇压。军队朝着示威人群射击，而愤怒的群众与政府军队展开激战，最终将路易·菲利普赶下王位。这便是1848年2月爆发的"二月革命"。

此次革命中，对于采用共和政体还是立宪君主制的问题上再次发生交锋，最终共和政体胜出，人们决定根据投票选出总统，而总统当选人便是拿破仑的侄子——路易·拿破仑。不过日后，他选择跟拿破仑一样登上皇位，所以也被人们称为"拿破仑三世"。

拿破仑的没落——俄罗斯远征

拿破仑尽管在特拉法尔加海战中败给英国，但依然掌控着大部分欧洲大陆。从 1806 年起，为了孤立英国，拿破仑颁布了切断欧洲大陆和英国之间贸易的大陆封锁令。

然而俄罗斯当时正在向英国出口大量农产品，所以经济上受到了很大打击。几年后，无以为继的俄罗斯打破大陆封锁令，重启和英国的贸易。1812 年，拿破仑亲自率领军队远征俄罗斯。

在法军的攻势下，俄军被迫向腹地步步后退。不过在后退时，他们破坏了所有物资和设施，使得法军无法在当地补充到任何物资。俄军的这种战略无疑给法军的后勤带来了很大压力。

最终，尽管拿破仑成功占领莫斯科，但得到的只是一片狼藉的废墟。进入寒冬后，法国军队饥寒交迫，不得不选择撤离。而俄军见状开始反击，取得了胜利。

正在退出俄罗斯的拿破仑

远征俄罗斯失败为拿破仑的覆灭埋下了伏笔。

　　这场远征最终以拿破仑的惨败而告终。远征中，法军损失近 40 万人，还有约 10 万人被俄军俘虏。当这个消息传到欧洲时，原本销声匿迹的反拿破仑势力纷纷跳了出来。

02

最初的无产阶级政府
——巴黎公社

1870 年，法国和普鲁士之间爆发了战争。法军陆续战败，拿破仑三世也被俘虏。

法国组建临时政府以抵抗普鲁士，但仍旧杯水车薪，最终连巴黎也陷入普鲁士军队的包围。临时政府选择投降，但巴黎市民誓死不从，并且组建自治政府。这便是世界上第一个无产阶级政府——巴黎公社（Paris Commune）。

巴黎公社是 1871 年由巴黎的市民和工人创建的革命自治政府。巴黎公社虽然尝试民主主义改革，但并没能坚持太久。因为临时政府军队和普鲁士军队勾结在一起，对巴黎公社发动了攻击。

巴黎市民们筑起防御工事抵抗一周之久，但显然无济于事。加上在这一过程中，有很多

巴黎公社　　　　　临时政府军队

市民惨遭屠杀，巴黎公社在坚持了 72 天之后土崩瓦解。

马克思最初并不赞成成立巴黎公社。因为在他看来战争期间更换政府不是明智之举。不过当巴黎公社成立之后，马克思仍然全力支援他们，并且为将他们被孤立的情况和立场告知世人付出了很多努力。

巴黎公社虽然以失败告终，但通过此次事件，马克思对无产阶级应该掌握政权的想法更加确信，同时明白资产阶级主导的政府存在着很大的局限性。

马克思认为历史的趋势终将从资本主义过渡到共产主义，同时坚信主导这种趋势的主人公必然是贫困的劳动者，即无产阶级。

在这里，我们有必要了解一下什么是资产阶级和无产阶级。

资产阶级（Bourgeois）是法语词，直译过来就是"住在城里的人"。在中世纪，住在城里的往往都是最有钱的人。后来进入近代社会后，资产阶级渐渐转为表示资本家阶级的词语。

无产阶级（Proletarier）一词源于拉丁语。它原本是指空有才华却没有财富的人，但是后来逐渐变成指资本主义社会中有劳动力而没有生产资料的人。简单来说，资产阶级指的是资本家；而无产阶级指的是工人。

知识要点

- 18 世纪爆发的法国大革命给整个欧洲带来了巨大影响，以至于后来发生拿破仑的登场和没落、七月革命和二月革命等历史事件。
- 1871 年成立的巴黎公社是市民和工人创建的革命自治政府。尽管巴黎公社最终失败，但使得马克思越发确信政权应该掌握在工人，即无产阶级手中的道理。

共同劳动、公平分配的社会

马克思认为阶级斗争推动了社会和历史的发展，因此试图从经济利益关系中寻找阶级之间产生矛盾的根源。那么，他究竟想要创建一个什么样的社会呢？

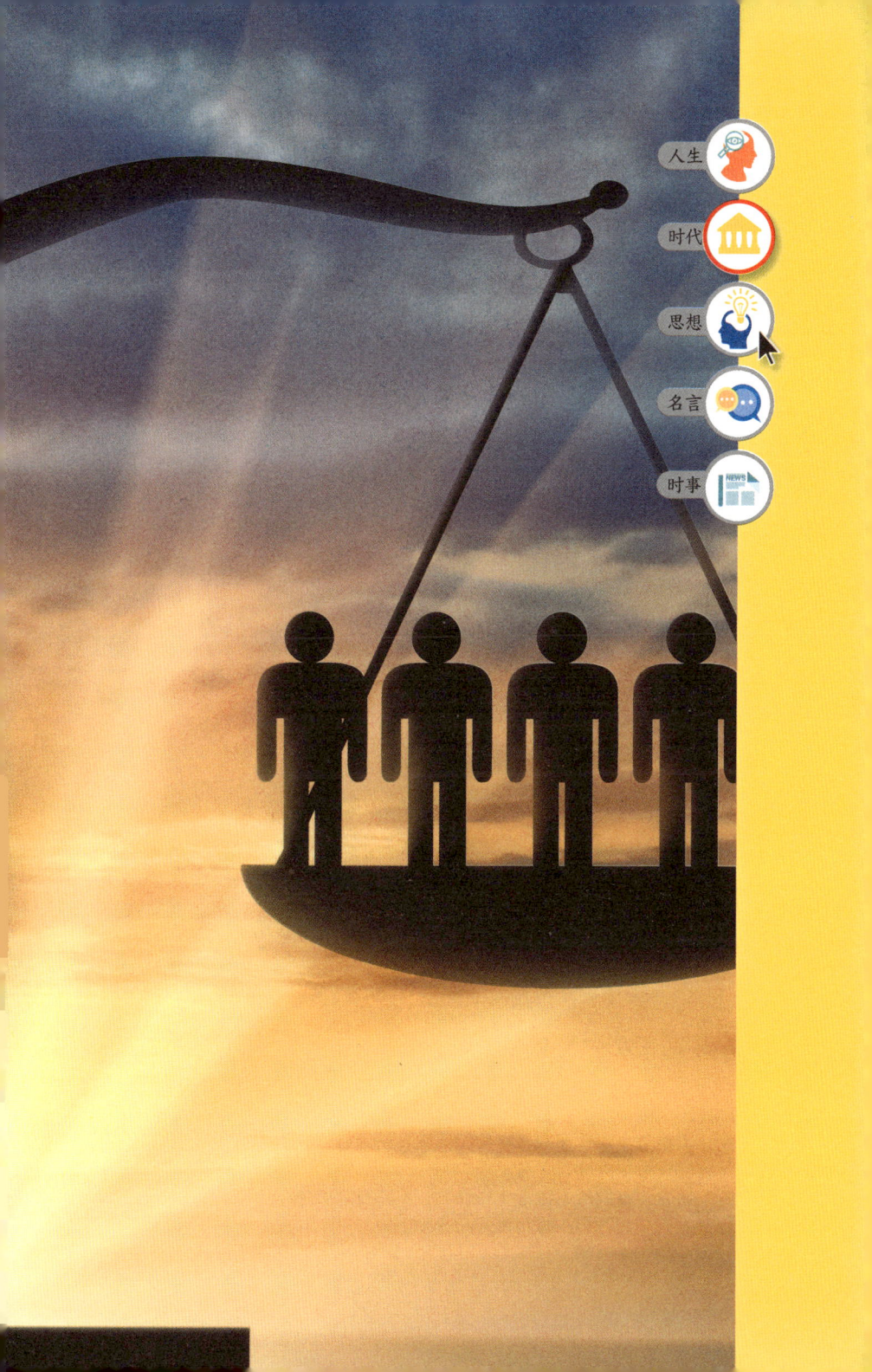

人生

时代

思想

名言

时事

01

不断变化、发展的历史

黑格尔对马克思的思想形成有着巨大影响，他主张万物都在变化，并试图用辩证法^①的方式证明这一切。事实上，在黑格尔之前也有不少人试图解释变化中的世界。

古希腊哲学家赫拉克利特^②曾说过："人不

---

① 辩证法：一种根据矛盾或对立的原理解释事物运动的逻辑。黑格尔主张认识和事物会经历正、反、合三个发展阶段。
② 赫拉克利特（公元前540—公元前480？）：古希腊哲学家。曾主张万物的本源是生机勃勃、不断重复燃烧和熄灭的火；世界上的一切事物永远都在运动变化之中。

能两次踏入同一条河流。"这句话的意思是说，河水始终在流淌，所以第二次踏入的河流已不再是第一次踏入的河流。赫拉克利特根据踏入河流的例子，主张世间万物都在变化。

黑格尔也跟赫拉克利特一样，认为世间万物都在不断变化。不同的是，他完善了这种变化发生的理由和方式。

按照黑格尔的理论，变化发生的理由在于世间万物的内部存在矛盾。事实上，"矛盾"这个词源于"世上最锋利的矛和世上最坚固的盾"的故事，所以对于矛盾的含义，人们很容易理解为互相冲突的意思。但黑格尔所说的矛盾是指变化的根源。

我们不妨联想一下橡果。橡果发芽生长就会变成橡树。即橡果生长后没有成为橡果，却成为不是橡果的其他事物。

可是橡果可以成为橡树的可能性源于哪里

呢？黑格尔认为，它不在外部，而是在橡果的内部。

橡果在自己的体内藏着橡树，但橡果并不等于橡树。这种情况就叫作矛盾。即自身中拥有不同于自己的事物的现象，黑格尔称之为矛盾。

黑格尔认为历史也会同其他事物一样，不断处在运动变化中。1789年法国大革命爆发时，

他正处于青年时期。在亲眼见证陷入革命漩涡中的社会快速变化的情景后，黑格尔更加确信历史会变化的事实。

法国大革命提出的口号是自由、平等、博爱的民主主义。倘若这些都能实现，这个社会必然比以往的社会更加美好。黑格尔认为，历史只要不断发展，这一目标必然能够实现。

而实现目标意味着不会再发生变化。正是从这里开始，黑格尔和马克思的思想产生了分歧。对于历史发展的根源，他们二人各自有着不同的猜测。

单从结论上来说，黑格尔将历史发展的根源归结于"神"。黑格尔认为精神也会发展，他将不断经历变化和发展后形成的精神，即完满的精神，称之为"绝对精神"。而这个绝对精神便是神。

按照黑格尔的理解，历史的变化和发展同

黑格尔（1770—1831）

德国的哲学家。他主张自然、历史、精神等所有世界都是不断变化和发展的过程，而且这些过程能够通过辩证法原理来进行解释。

样可以用绝对精神来解释。神存在于世界的任何一个角落，甚至世界本身就是神。神是完满的存在，但这个世界尚不完满。正因如此，它才会不断变化和发展，朝着完满的阶段不断前进。最终，黑格尔认为，历史不断变化和发展的原因在于绝对精神。

黑格尔认为历史是绝对精神的表现过程，所以会朝着更加完满的形态变化。

大学时期的马克思十分沉迷黑格尔的哲学，不过在变化和发展的根源是否为精神的议题上，他与黑格尔产生了不同的看法。马克思发现历史变化的动力并非源于精神，而是源于物质上的因素，即源于经济利益关系。

一切社会的历史都是阶级斗争的历史。

——摘自《共产党宣言》

不同于黑格尔着眼于绝对精神；马克思从看得见的现实中寻找到历史变化的根源。马克思认为正如人组成了社会，历史也是由人来书写的。

这种观点从现在的视角来看是理所当然的，但放到当时是一种十分超前的见解。马克思认为人与人之间的矛盾或斗争会改变社会和历史。

马克思的不凡之处在于，他发现阶级才是引发无数人之间矛盾的根本原因，而阶级出现的原因在于不同人群之间的经济差距。

02

生产力、生产关系、生产方式

经济和社会的关系

我们之前也说过，马克思认为导致人类历史变化发展的根源在于经济，这是他的思想与黑格尔思想的最大差别。

根据经济运行的形态，马克思将社会分为自然经济社会、商品经济社会、产品经济社会。

47

在经济基础薄弱的自然经济社会，不存在社会中的统治者和被统治者的身份差异。当时由于缺少食物的关系，每个人的生活都很贫困。不过如今，亚马孙雨林的深处依然残留着远离文明社会的原始社会形态。

要想了解和分析文明社会的法律、道德、宗教、政治等领域，我们首先要了解一下什么是经济。

对于法国大革命爆发的原因，黑格尔认为是绝对精神使然，认为这是向着完满的绝对精神前进的过程。相反，马克思则认为是经济因素导致了法国大革命的爆发。

随着工业的发展，很多产品都会出现剩余。如此一来，就会出现分配到大量产品的人和没有分配到产品的人，进而形成统治阶级和被统治阶级。如果这两个阶级之间发生矛盾，就会以革命的形式表现出来。

而经济利益关系是它们之间爆发矛盾的重要根源之一。因为人活着最重要的便是衣食住行的问题。

不同于黑格尔，马克思在分析社会和历史的发展问题时导入了生产力、生产关系、生产方式等经济概念。下面就让我们来看看，马克思是如何运用这些概念来解释历史变化和发展过程的吧。

生产力

生产力是人类进行生产活动的能力。另外，人为了生活所需的物资进行活动的行为，也就是进行生产的行为，我们称之为"劳动"。而人要劳动就需要一些前提条件，就要具备劳动力、劳动对象及生产资料。

想要劳动，首先要有可以劳动的人。人所具有的能力当中，可以进行劳动的能力，我们称之为"劳动力"。

另外，我们还需要能够发挥劳动力的对象。就像打猎需要有猎物一样，劳动也需要有使用劳动力的对象。从广义上来讲，劳动对象就是自然。

不同于动物，人会为了获得自然中的东西进行劳动，从而改变自然。这也是人和动物的区别所在。动物会遵循自然的法则在自然中生存，但人会为了生存而改变自然。

人想要通过劳动去改变自然就需要使用工具。比如，打猎需要使用弓、枪等狩猎工具；种田需要使用耙子、镰刀等农具。这些弓、枪、耙子、镰刀等工具就是"生产资料"。

原始时代的人在种地时并没有什么先进的农具，因此只能使用木棍、石头等简单的工具。然而这些工具效率低下，人们即使再努力劳动，能够收获的食物也不多。即原始社会的生产力

很低。

因此，想要提高生产力，首先要改进生产工具。例如，用比木头和石头更坚韧的铁打造出来的铁制农具。

随着人们使用金属制造农具，生产力得到了显著提高。因为使用金属农具能够把地翻得更深、把土耙得更平。另外，肥料和农药的投入也令生产力大增。后来随着使用农业机械，农业生产力更是有了惊人的提高。

除了农业之外，工业的生产力也需要考虑到。最初的工业只是一些用碎石打磨出石刀等简单的手工业，这个时期的生产力基础十分薄弱。然后，开始以手工业方式在家靠自己的小作坊制造物品的阶段。如今，人们已经能够在大型工厂以惊人的速度生产出大量产品。

随着各个领域出现这种生产力的变化，社会也跟着出现一系列翻天覆地的变化。因为随着生产力的发展，生产关系开始发生了变化。

生产关系

"关系"是指事物或现象之间相互影响、相互作用的状态。人同样也包括在其中。例如，家人之间存在妻子和丈夫之间的关系、父母和子女之间的关系、哥哥姐姐和弟弟妹妹之间的关系等各种关系。

总之，任何人在生活中都会形成各种关系。哪怕是独自流落到无人岛，人也会与岛上的其他动物建立各种生存关系。

那么，究竟什么是生产关系呢？生产关系是指人们在生产过程中形成的社会关系。这时，最重要的就是是否拥有生产资料的问题。

简单来说，生产资料就是之前所说的农具等生产所需的工具。除了工具之外，土地、资本等生产所需的资源也属于生产资料。而生产关系就取决于是否拥有这些生产资料。

例如种地，拥有土地的人，我们称之为地主。地主拥有农耕所需的生产资料——土地，而没有土地的人只能成为佃户。佃户会租赁地主的土地进行耕种，然后上交一定的收获作为地租。

在资本主义社会，资本成为生产资料。资本是能够获得生产所需的东西的货币。因此，

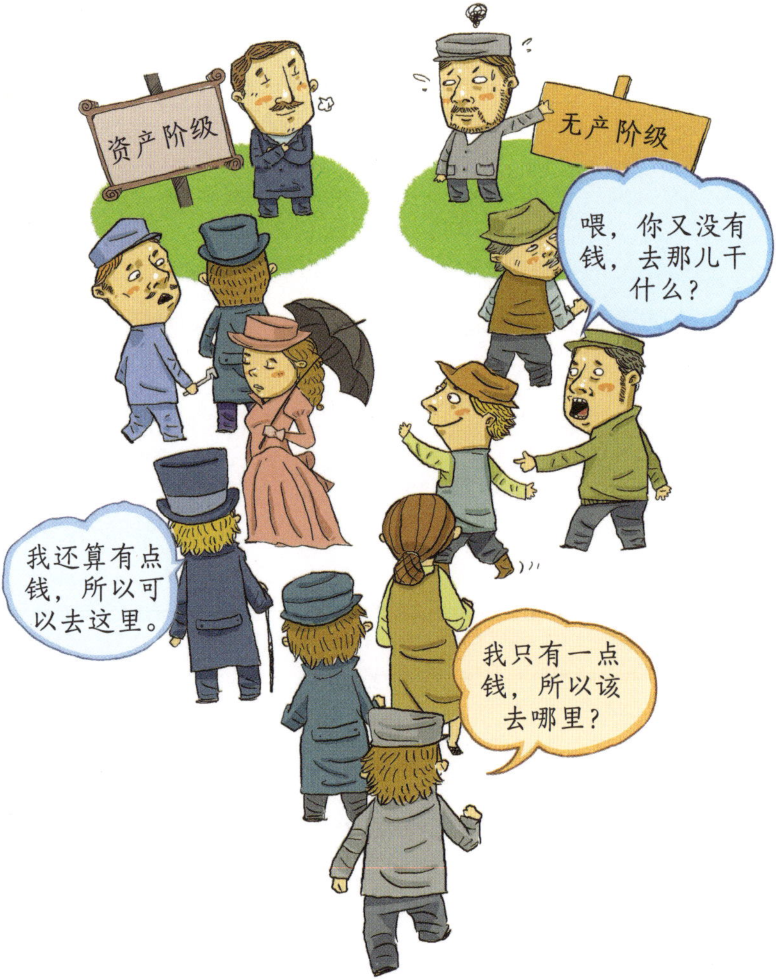
资产阶级
无产阶级
喂，你又没有钱，去那儿干什么？
我还算有点钱，所以可以去这里。
我只有一点钱，所以该去哪里？

此时的生产关系就取决于是否拥有作为生产资料的资本。

就像种田时地主和佃户的关系一样，拥有资本的人会成为资本家，而没有资本的人则会成为工人。这就是马克思所说的资产阶级和无产阶级。

事实上，资本主义还有一个特点：那就是阶级分类的简单化。资本主义社会只有两种阶级：资产阶级和无产阶级。

若是放到以前，人们的身份关系就十分复杂。例如在中世纪的封建时代，就存在国王、贵族、骑士、平民、奴隶或农奴等不同身份。生产方面也有掌握着技术的匠人和在他手下工作的学徒等身份。

然而进入资本主义社会之后，这种关系就变得十分简单。马克思认为，所有人都能根据有没有资本分为资产阶级和无产阶级。

生产方式

生产方式作为生产力和生产关系的结合，是社会生活所必需的物质资料的谋得方式。资本主义或封建主义等都是生产方式。

依据生产方式，马克思将人类历史分为以下几种社会形态：原始社会、奴隶社会、封建社会、资本主义社会及共产主义社会。

"共产"是指一起生产，因此共产主义社会可以理解为"共同劳动、公平分配的社会"。在共产主义社会不存在"你的、我的"等私产的

原始社会

概念。

在原始社会，同样没有个人财产。因为在原始社会，食物根本没有多少剩余，所以也不存在私有的概念。随着生产力的提高，人们发现吃饱之后，开始有一定的剩余，我们称之为"剩余产品"。这里的"剩余"可以理解为"使用完后剩下的"。

而随着剩余产品的出现，人和人之间也出现所占有剩余产品多寡的现象。此外，剩余产品的出现也使得大量的人聚在一起生活，形成了国家的雏形。从这个时候起，阶级也开始诞生。

假如用生产资料的有无来划分阶级，那么这个时期的生产资料究竟是什么呢？答案是奴隶。因此，马克思也称这个时期为奴隶社会。于是，没有生产资料的原始社会开始过渡到奴隶社会。

食物

古代奴隶社会

在奴隶社会，阶级分为奴隶和主人。奴隶一生为主人服务，而且没有任何权利。

相比之下，主人则可以随意处置奴隶。他们不仅可以买卖奴隶，还能随意打骂，甚至处死奴隶，因为对他们而言，奴隶只是一种工具。

在以古希腊或古罗马时代为背景的影视作品中，我们经常能看到主人举办宴会时，奴隶们不断呈上食物的场景，这便是所谓的奴隶社会。

在过去的各个历史时代，我们几乎到处都可以看到社会完全划分为各个不同的等级，看到社会地位分成的多种多样的层次。在古罗马，有贵族、骑士、平民、奴隶；在中世纪，有封建主、臣仆、行会[①]（师傅）、帮工（学徒）、农奴，而且几乎在每一个阶级内部又有一些特殊的阶层。

……

但是在我们的时代，资产阶级时代，却有一个特点：它使阶级对立简单化了。整个社会日益分裂为两大敌对的阵营；分裂为两大彼此直接对立的阶级：资产阶级和无产阶级[②]。

——摘自《共产党宣言》

---

① 行会（guild）：中世纪时代工商业者们建立的同行业互助形式的组织。发源于西欧的各个城市，从11世纪到12世纪，通过对抗领主权利，掌握城市的政治、经济上的实权，但随着近代工业的发展，从16世纪开始日渐式微。
② 资产阶级和无产阶级：资产阶级最初指的是中世纪生活在城市中的法国居民，但后来资产阶级革命爆发之后，它成为资本家阶级的代名词。无产阶级是指与资产阶级对立的工人阶级。

奴隶社会之后出现的是封建社会。这个时期的生产资料是土地，拥有土地的人成为了领主，没有土地的人则变成了农奴。

农奴的情况要比奴隶社会的奴隶好一点，因为领主们没有权利买卖或处置农奴，农奴自己也可以拥有私产。不过他们也没有权利迁徙或更换成其他职业，因此单从无法决定自己的人身自由这一点来说，农奴其实与奴隶并没有多少区别。

封建社会的特点之一就是国王和家臣的存在。家臣可以理解为自家的臣属。事实上，在中世纪封建社会，很多领主和家臣都是家族关系。

家臣要向国王宣誓效忠，而作为代价，国王要给家臣们分封领土。家臣拥有随意统治自己领土的权利。但当国家或国王遭遇危机时，国王会召集家臣，而家臣们则要率领军队，为

中世纪封建社会

国王征战。参与战争的家臣中，有一些被称作"骑士"。家臣们也可以有自己的家臣。而在家臣统治的领土内，农奴们会租地务农。

我们再过渡到下一个时代。从中世纪过渡到近代，工业革命的爆发使得社会生产力大幅提高。

从18世纪英国开始掀起工业革命，经过约

资本主义社会

共产主义社会

一百年的时间，渐渐传播到欧洲大陆、美洲大陆等地区。可以说，这个时期的西方人所经历的变化比过去任何时期都要大，而且生产技术的发展也使得社会迎来一系列翻天覆地的变革。

这个时期出现的便是资本主义。在资本主义社会，有没有资本是划分阶级的重要依据。没有资本的工人只有被拥有资本的资本家雇佣才能生存下去。

马克思认为资本主义社会的发展程度越高，资产阶级和无产阶级之间的矛盾就会越尖锐，同时资本主义社会必将被共产主义社会所替代。

在共产主义社会，个人不会拥有生产资料。由于生产资料会公平分配给所有人，同时生产出来的物品也会公平分配给所有人，所以阶级也会消亡。这也是马克思理想中的社会形态。

03

生产方式为何会
不断变化

　　按照马克思的主张，共产主义社会代表着
生产方式的最终阶段。那么，生产方式为何会
发生变化呢？马克思将其理由归结为，以往的
生产方式遇到了瓶颈，更准确地说是因为生产
关系成为了生产力发展的阻碍。

　　正如我们之前所说，生产关系取决于是否

拥有生产资料。主人和奴隶、领主和农奴、资本家和工人的关系等均属于生产关系。

马克思认为中世纪封建社会被资本主义社会取缔的原因也是因为领主和农奴这一生产关系阻碍了工业革命引发的生产力发展。于是封建主义制度崩溃，社会迎来资本主义时代。

事实上，工业革命的爆发使得生产力出现前所未有的提高。英国的经济学家亚当·斯密早在自己的著作《国富论》中通过别针工厂的例子解释过生产力提高的情景。

在工业革命之前，人们想要生产别针，只能从头到尾靠一个人制造，即拉丝、切断、弯曲等过程都是由一个人负责。而这么做的结果是工厂一天最多只能制造20枚左右的别针。但当工业革命爆发之后，生产方式出现了翻天覆地的变化，即出现了社会分工。

分工是指劳动者分别从事不同的工作。例

**亚当·斯密
（1723—1790）**

英国的经济学家、哲学家，被人们誉为"现代经济学之父"。他提出了著名的"看不见的手"理论。在他看来，即使没有国家的干涉，市场也会在"看不见的手"的引导下，自动调节供需平衡，同时产品价格也会在适当的线上维持，从而形成均衡的市场经济。

如，将生产别针的过程划分为多道工序，再由每个人各负责其中一道工序，之后，工厂一天的别针产量一下子暴增到4800枚。即生产力提高了约240倍。

就这样，工业革命的出现使得生产力获得极大提高，但中世纪封建社会的领主和农奴的生产关系却成为生产力提高的最大绊脚石。

工厂想要生产产品，不仅要有场地和各种

机械及用于生产物品的原材料等生产资料，还需要有能够运转机械的动力。

然而这些东西都可以靠资本来准备，但唯独少了可以进行生产的人员。因为大部分人都被领主捆绑在土地和农务上。

在封建社会，参与劳动的人是农奴。可是农奴不具备自行选择工作和迁徙的自由，因此不可能到城市工厂里打工。

另外，由于封建社会的种种压迫人的制度，使得资本家们无法尽情地开展生产活动。毕竟封建社会里统治国家的是国王、贵族及教士，而并非资本家。也正因如此，他们没理由为资本家们的利益着想。于是资本家和封建社会统治者之间的矛盾就此产生。

最终，忍无可忍的资本家们揭竿而起，发动了革命，其中最典型的便是法国大革命。

革命的结果是由资本家和工人形成的新生

产关系取代了原本由领主和农奴形成的旧生产关系，即从封建主义社会走向资本主义社会，而主导这场革命的人群就是资本家们，因此法国大革命就属于"资产阶级革命"。

就这样，作为快速发展的生产力阻碍的旧

生产关系被推倒，生产力也得以继续发展。对于生产力的发展和生产关系，马克思曾指出：

> 无论哪一个社会形态，在它所能容纳的全部生产力发挥出来之前，是决不会灭亡的；而新的更高的生产关系，在它存在的物质条件在旧社会的胎胞里成熟之前，是决不会出现的，所以人类始终只提出自己能够解决的任务。
>
> ——摘自《资本论》

这里所说的社会形态是指包括生产方式在内的政治、法律、宗教、道德等领域。一旦生产方式发生变化，社会形态也会出现适应该生产方式的变化。

那么，资本主义又会在什么时候发生变化

呢？同样，当生产关系成为生产力发展的阻碍时，这种变化就会产生。

在资本主义社会，生产关系成为生产力发展的阻碍意味着什么呢？要知道，资本主义生产关系由资产阶级和无产阶级组成，因此生产关系成为阻碍意味着这两个阶级之间的矛盾变得不可调和。

按照马克思的主张，无产者没有资本，所以只能通过劳动解决生存问题。但是无产者们会受到来自资本家的剥削。即他们付出劳动后往往拿不到应有的回报。最终，无产者们会站起来反抗资产阶级。

马克思认为无产者最终必然会在这场矛盾中胜出。若是观察生产关系的变化过程，我们就会发现新登场的阶级往往都会成为胜利的一方。例如，当古代奴隶社会发生变化时，胜出的是领主阶级；而当资本家登场时，最终胜利的同样是资产阶级。因此，当今的交锋中，胜利的必将是无产阶级。

马克思指出，无产者接下来需要做的事情就是消除私人占有生产资料。他主张必须实现生产资料公有制，从而建立共同劳动、公平分配的共产主义社会。

资产阶级的生产关系是社会生产过程的最后一个对抗形式。这里所说的对抗，不是指"个人的对抗"，而是指"从个人的社会生活条件中生长出来的对抗"；但是在资产阶级社会的胎胞里发展的生产力，同时又创造着解决这种对抗的物质条件。因此，人类社会的史前时期就以这种社会形态而告终。

——摘自《资本论》

在马克思看来，从古代奴隶社会到资本主义社会，其生产关系都是对抗形式。"对抗"一词虽然带有敌对的意思，但并不是指个人之间关系的敌对，而是指生产资料的私人占有形式使得拥有生产资料和没有生产资料的人之间形成对立的关系。

而在共产主义社会，生产资料是公有制，所以马克思认为这种对抗形式将会消失。另外，他预测当资本主义消亡时，人类社会将迎来崭新的时代。

重要的是，我们所生活的社会在过去始终都在不停地变化，而且日后也将持续地变化下去。例如，马克思去世之后，资本主义社会也在不断发生变化。如今的资本主义与他所生活的时代的资本主义已有很大不同。另外，他所描述的共产主义社会也成为一些国家的奋斗目标和前进方向。

马克思所说的共产主义社会，是一种生产力高度发展、物质财富极其丰富、人们不再为物质上的利益相互争斗的世界。

知识要点

- 不同于黑格尔，马克思认为历史变化的根源在于人，同时经济差距是矛盾产生的根本原因。
- 马克思通过生产力、生产关系、生产方式的概念，解释了社会历史变化和发展的根源。他将人类历史分为原始社会、奴隶社会、封建社会、资本主义社会、共产主义社会五种不同的社会形态。
- 马克思将生产方式变化的原因归结于"生产关系阻碍生产力发展"。马克思心中的共产主义社会是生产资料实现公有制，同时大家可以共同劳动、公平分配的社会。

马克思的名言名段

一直以来，哲学家们只是用不同的方式解释世界，而问题在于改变世界。

——马克思

人生

时代

思想

名言

时事

01

一切社会的历史都是
阶级斗争的历史

看待历史的观点，我们称之为"历史观"。历史观分很多种：一种是历史循环论，即认为历史会像春、夏、秋、冬四季一样不断循环。

与之相反的观点是历史进步论，认为历史会朝着一个方向不断前进。不过，除此之外也有一种认为历史会退步的历史退步论。

马克思（左）与恩格斯（右）

恩格斯（1820—1895）不仅是马克思精神和物质上的支持者，也是马克思逝世后整理他的思想并公诸于世的人。

黑格尔认为历史是以辩证的形式发展的，他认为历史与我们周边的事物一样都在内部拥有矛盾，同时会为了解决这个矛盾而不断变化和发展。黑格尔将这种发展的动力称为"绝对精神"。

马克思也深受黑格尔思想的影响，所以同样认为历史是以辩证的方式发展的。不过对于历史发展的动力，他与黑格尔有着不同看法。

马克思认为物质发展的动力在于物质，而并非在于精神。其最好的证明便是"阶级斗争"，他认为拥有生产资料的阶级和没有生产资料的阶级会始终处于对立状态。

至今一切社会的历史都是阶级斗争的历史。

自由民和奴隶、贵族和平民、领主和

农奴、行会师傅和帮工，一句话，压迫者和被压迫者，始终处于相互对立的地位，进行不断的、有时隐蔽有时公开的斗争，而每一次斗争的结局都是整个社会受到革命改造或者斗争的各阶级同归于尽。

——摘自《共产党宣言》

虽然如今的资本主义社会与马克思时代的资本主义社会有着很大的不同，但土地、工厂、资本等生产资料依然很重要，资本主义也在不断发展中暴露出来各种各样的新问题。

02

全世界无产者，
联合起来

    马克思认为相较于其他社会形态的生产方式，资本主义生产方式存在很大的不同。那就是资本家会不断改良生产工具、扩大市场、提高运输效率，从而生产出远超以往产量的产品。

    马克思指出，资本家会永远追求自己的利益最大化，无产者就要在恶劣的环境下进行更加繁重的劳动。机械越发达，工人们的工作就越单纯；工作越单纯，他们的薪酬就越低；而薪酬越低，他们就不得不为了生存进行更长时间的劳动。

另外，由于手工业者、农民、商人等中间阶级会在与资本家的竞争中不断淘汰，所以无产者的数量会变得越来越多。如此一来，最终资本主义社会的阶级结构会变得十分简单：只会剩下资本家和工人。

马克思认为，资本主义的最大特征是由没有资产的无产阶级去主导生产关系的变化。纵观历史上的生产关系变化过程，总会有新登场的阶级主导变化，然后最终获得胜利；同时，新登场的阶级也都是拥有崭新生产资料的阶级。

例如，在古代奴隶社会，拥有土地的领主阶级主导变化，从而建立封建社会。而在封建社会即将结束时，同样是拥有资本的资本家登场，从而用资本主义社会取代了封建主义社会。然而在资本主义社会中，无产阶级虽然属于主导这种变化的阶级，却并不拥有新的生产资料。

因此，无产阶级必须要做出一些特殊的选择，而这种选择要有别于以往的阶级做过的事情。马克思认为这个选择就是"消除私人占有生产资料"。

因为一旦私人拥有生产资料，拥有生产资料的阶级和没有生产资料的阶级之间必然会爆发矛盾，同时会形成斗争关系。

无产者在这个革命中失去的只是锁链。他们获得的将是整个世界。全世界无产者，联合起来！

——摘自《共产党宣言》

这句著名的话出现在马克思和恩格斯共同

起草的《共产党宣言》结尾部分。马克思去世后，这句话也被刻在了他的墓碑上。

1848 年出版的《共产党宣言》中包含马克思"一切社会历史都是阶级斗争的历史"的思想和共产主义基本原则、科学社会主义的基本思想等内容。

马克思在这本书中提出，资本主义社会必将灭亡，共产主义社会必将到来，同时呼吁全世界的无产者们联合起来，对抗剥削和压迫无产者的统治阶级，从而掌握自己当家作主的权利。

知识要点

- 马克思辩证地看待历史发展，指出发展的根源在于阶级斗争，至今一切社会历史都是阶级斗争的历史。
- 马克思呼吁全世界无产者们联合起来，对抗剥削和压迫无产者的统治阶级，从而掌握自己当家作主的权利。

正式员工和
非正式员工的问题

如今，一些国家非正式员工问题引发的矛盾日益突出。假如洞悉资本主义各种弊端的马克思看到如今这种场景，又会产生什么样的想法呢？

人生

时代

思想

名言

时事

01

非正式员工的问题

马克思指出工人和资本家之间的矛盾会日益激化。在他去世后的一百多年里，资本主义仍未消亡，当然，这并不意味着他的话是错误的。

如今，被公司聘用的员工会在进入公司前，对工资水平、工作时间、工作环境等条件与公司进行协商，然后签订相关合同。然而当实际情况不符合协商结果，或与公司产生矛盾时，员工们甚至会进行集体罢工。罢工是指工人们为了胁迫公司接受自己的要求而进行的集体抗议的行为。

当员工们进行罢工时，一些只有维持生产才能产生收益的公司，通常会放下姿态与员工们进行沟通，好维持公司与员工之间的和谐关系。不过从资本家的立场上来说，他们也不可能一味地接受员工们提出的所有要求。

在如今的资本主义国家，工人和资本家之间的矛盾依然存在。尤其在韩国，围绕非正式员工问题引发的工人和资本家之间的矛盾已经日益突出。

这种非正式员工问题也正是证实了马克思提出的，拥有生产资料的阶级和没有生产资料的阶级始终处于斗争关系的正确性。正式员工和非正式员工之间的工资差异、社会保障方面的不平等，以及非正式员工所感受到的不安心理等问题，已经渐渐成为困扰韩国社会的最大难题。

那么，这种非正式员工问题究竟为何会发生呢？按照马克思的理论，资产阶级普遍具有在自己需要的时候雇佣工人，但在自己不需要的时候就不雇佣工人的倾向。

在资本主义社会，人的劳动力跟手机、电脑等商品一样进行买卖。而在这样的情况下，只剩下劳动力的工人们自然会受到生存的威胁。

因此，工人们自愿组建"工会"，以保障自己的工作权益。这里的工会是指基于共同利益而自愿组织的工人团体。

不过并不是所有的工人都能受到工会的保护。在有的国家，根据公司的性质，有的公司设有工会，但有的公司并没有设立工会。另外，工人们也会根据工作性质，分为需要工会的工

89

人和不需要工会的工人。在韩国，能够根据劳动法获得工会保护的工人，只包括设有工会的公司所属的正式员工。

在韩国，全国员工当中有很大一部分都是非正式员工，而且这种比例在持续增长。从资本家的立场来说，雇佣非正式员工显然比雇佣正式员工更合算。因为雇佣非正式员工的费用要比雇佣正式员工少很多。

事实上，这种问题不只存在于韩国。可以说为了减少支出，用外部劳动资源代替内部劳动资源是一种世界性的趋势。

虽说现实就是如此，但问题在于当非正式员工引发罢工时，那些正式员工往往会摆出一副事不关己的态度。要知道，非正式员工问题并不是当前看到的小部分人的问题，而是社会全体成员需要一起面对的问题。因为当今社会形态决定了任何人都有可能成为非正式员工。

假如马克思尚未离世，他又会如何看待日益严重的非正式员工问题呢？想来他会认为，非正式员工问题是所有劳动者们需要共同面对的问题，然后尽力说服其他劳动者和人民群众站出来保护非正式员工的权益。因为只有为所有人的利益努力奋斗，才是真正为自己努力奋斗。

02

马克思和柏拉图

　　从某些方面看，马克思主张的未来的共产主义社会，或许很需要古希腊哲学家柏拉图提出的"哲人政治"。

　　柏拉图所说的"哲人"指的是哲学家。柏拉图认为治理国家的重任最好由有能力、有智慧的人来担当。

　　柏拉图的老师苏格拉底的故事想必大家都

十分熟悉。当初苏格拉底以腐蚀青年和不信神罪被人们告上法庭。但在根据当时雅典的民主政治进行的裁判中，苏格拉底最终被判处有罪，从而喝下毒酒死亡。事实上，苏格拉底并没有罪。

而在一旁经历整个过程的柏拉图受到极大的打击，从而对民主政治彻底失去信心。因为他看到在民主政治下，即使一些自私、无能的人也能参与政治，同时某些没有罪行的人也有可能含冤入狱，所以他觉得这是一种错误的制度。

然而并非所有的哲学家都能玩转政治，因此柏拉图主张负责治理国家的人要接受严格的训练。

柏拉图认为负责治理国家的人首先要接受大量教育。他们不仅要学习文学、音乐、数学等知识，还要掌握伦理学、哲学等深奥的知识。

不过即使接受这种教育，也有可能出现问题。因为国家的统治者也是人，所以不可避免地会产生私欲。假如允许统治者拥有私有财产，说不定他们会利用手中的权力去搜刮更多财富，所以柏拉图认为统治者不应该拥有私有财产。

另外，即使没有私有财产，也会在有家人时产生想要为家人谋利的想法，所以统治者看来也不可以成家。柏拉图的这种主张，也包含着治国并非易事，所以应该慎重对待的思想。

柏拉图对统治者的看法显然无法直接适用于现代社会，因此我们称柏拉图的这种想法为"理想国论"。

基于自己的哲学思想，马克思证明了理想中的国家也可以在现实中存在。当然，马克思所主张的国家形态，不可能只靠几个人的努力就能实现。

马克思所描绘的理想中的国家真正实现，

必须是有智慧的哲人治理的社会。

我所梦想的社会是一个没有私欲的平等社会。

不知是多少年后的事情了。不过这并不意味着马克思的思想只是他一个人的愿望。因为生活在当今时代的很多人，无不梦想着那种自由、平等的社会。

马克思可以说是从现实层面向人们展示如何建立自由、平等社会的伟大思想家。想要实现他所描绘的国家，即实现人人平等的社会，我们就必须依靠科学技术的发展，生产足够全世界人使用的产品，而且剩余产品不能由少数几个人独占，而是要公平地分配给每一个人。

如今世界上发生的各种事件都是因剩余产品没能分配公平所致。而想要解决这些问题，就必须由占有这些剩余产品的人先做出牺牲。假如有人因私欲先一步占有，或比别人占有更多，那么即使生产出来再多的产品也无济于事。

不过有一点很值得我们关注。那就是究竟能否做到公平分配的问题。"共同劳动、公平分配"听着很简单，但想要实现却很困难。因为我们都是"自由人"，而每个人的劳动质量和劳动数量都存在差异。

因此，要实现马克思所描绘的共产主义社会，我们任重而道远。但有别于柏拉图的哲人政治，马克思所构想的一个消除阶级的社会，这一点就值得我们去深入了解。

通过马克思的故事学习哲学

> 实践比获得知识更重要。

从 20 世纪到现在，论对人类产生巨大影响的书籍，其中必然会有马克思主义思想的代表作《共产党宣言》。这本书几乎在所有国家都被翻译、出版过。

马克思主义思想是 19 世纪诞生的，但是超越了时代，影响至今。他的一些思想同样适用于当今社会，比如：

哲学家们只是用不同的方式解释世界，而问题在于改变世界。

——摘自《关于费尔巴哈的提纲》

马克思的这一主张，并非是看轻哲学家们通过不同的方式解释世界的努力，而是在告诉我们，解释世界并不能改变世界的道理。他强调，只有走进现实，朝着自己认为美好的方向努力，努力去脚踏实地改变世界才最可贵。

正如我们所见，强调知识的重要性和实践的人并非只有马克思。分别代表东方和西方的思想家孔子和苏格拉底，也时常强调实践的重要性。

我们要记住：无论是孔子和苏格拉底，又或是马克思，他们都属于为了所有人类而治学，同时将治学的成果付诸实践的"实践派学者"。进一步说，我们需要重视马克思所梦想的社会。因为即使时间过去如此之久，他所指出的问题，至今依然在韩国社会中残留。

这个问题便是人类的劳动沦落为商品的悲痛事实。马克思将它解释为"劳动异化"。劳动异化是指人并非通过劳动享受人生，而是通过劳动沦为"商品"的情况。

我们生活在所谓的人人自由、平等及拥有

尊严的民主主义社会。但我们往往喜欢通过一个人的财力或外貌来评价那个人，当别人拥有财富或出色的外貌，我们就会肤浅地认为对方具有较高的"商品性（商业价值）"。

现实中，确实也有很多人为了提高自己的"商品性"而不断与别人进行竞争。尽管如今的社会比马克思所生活的时代更加先进，但重视物质和外表的资本主义特性却没有多少改变。然而只凭这些条件来评价一个人的价值，并不是一种可取的行为。

人类一方面存在无视和破坏人性的社会现实，另一方面也想要克服这种不合理的现实而做出努力……从这种角度上来说，马克思确实

早早洞察并深知，社会关系中形成的人的贪欲和愚昧，终究会给人带来痛苦的事实，所以才会主张要克服这一点。

因此，只有冷静地把握现实，并为了克服它而努力，才是成为真正有价值的人的必经之路，我们应该吸取包括马克思在内的众多人类思想家留下的经验和教诲。

历史中的马克思

	西方	马克思	东方
1815年	法国拿破仑在滑铁卢战役中败北。		
1818年		出生于德国莱茵省特里尔城。	▲马克思
1830年	法国七月革命爆发。路易·菲利普登基。	12岁时，进入特里尔中学。	
1835年		17岁时，考入波恩大学。	
1836年	▲路易·菲利普	18岁时，进入柏林大学。	
1840年			英国侵略中国，鸦片战争爆发。
1841年		23岁时，在耶拿大学通过有关伊壁鸠鲁的自然哲学论文获得博士学位。	
1842年		24岁时，成为《莱茵报》主编。	清朝政府签订中国近代史上第一个不平等条约《南京条约》。
1843年		25岁时，《莱茵报》被停刊。与燕妮结婚，流亡巴黎。	
1848年	法国二月革命爆发。	30岁时，与恩格斯共同起草《共产党宣言》。	
1849年		31岁时，被迫流亡到英国伦敦。	

西方	马克思	东方
1851年 法国傅科通过"傅科摆"证明地球的自转。		
1857年		印度爆发反英起义。
1859年	41岁时，出版有关经济学理论的著作《政治经济学批判》。	
1860年		英法联军火烧圆明园。
1861年 美国爆发南北战争。		清朝咸丰皇帝逝世，慈禧正式上台。
1863年 美国林肯总统颁布《解放黑人奴隶宣言》。		朝鲜高宗继位后，兴宣大院君开始摄政。
1867年	49岁时，出版从1862年开始筹备的《资本论》第一册。第二册与第三册则在其去世后，由恩格斯代为出版。	
1869年 埃及苏伊士运河开通，连接红海和地中海。		
1871年 德国实现统一，并宣布德意志帝国成立。法国创建巴黎公社。		▲兴宣大院君
1876年		朝鲜与日本签订《江华条约》。
1883年	65岁时，在英国伦敦安然离世。	

马克思认为人类历史变化和发展的根源是什么？原因为何？

请写一写你的想法。

马克思认为资本主义衰败后，作为最后阶段的生产方式，会迎来何种社会形态？

请写一写你的想法。。

随着压迫的人和被压迫的人形成对抗，他们之间不时会爆发暗中或明面上的交锋。

抄写一遍这句名言，思考一下它的含义。

至今一切社会的历史都是阶级斗争的历史。

抄写一遍这句名言，思考一下它的含义。

一直以来，哲学家们只是用不同的方式解释世界，而问题在于改变世界。

抄写一遍这句名言，思考一下它的含义。

文 | Goodwill 哲学研究所

Goodwill 哲学研究所创立于 2006 年 10 月。创立人员主要以哲学教育和研究经验丰富的教师为主。他们的宗旨是为小学、初高中生及一些哲学论述教育家们，提供关于创意性思考能力的优质教育内容。Goodwill 哲学研究所以专业的学问为基础，横跨人文和自然领域，致力于传播当今哲学和论述教育所需的整体性、综合性的知识。

※ Goodwill 意为善意，相信人性本善，所以在为每个人都能活出个人样而努力。

研究委员

金南寿（毕业于延世大学哲学专业、Goodwill 哲学研究所所长）

金东国（首尔大学美学硕士）

金彩林（首尔大学美学硕士）

李静雅（延世大学英国文学教师）

朴启浩（高丽大学教育学硕士）

夏金红（东国大学物理学硕士）

徐志英（中央大学德国文学博士）

韩正阳（江原大学韩语教育学硕士）

图 | 崔尚奎

曾荣获 LG 东亚国际漫画展、韩国出版美术家协会插画家大奖赛传统童话奖项，现活跃在卡通、漫画、插画等多个领域。

角色设定 | 刘南英

毕业于漫画专业，活跃在角色设计和插画领域，致力于给人们传播快乐、梦想及希望。

图字：01-2022-5699

미니 인문학 시리즈 1-12
Copyright ©2020, Kumsung Publishing Co., Ltd.
All Rights Reserved.
This Simplified Chinese edition was published by The Peoples Oriental Publishing &
Media Co., Ltd. in 2023 by arrangement with Kumsung Publishing Co., Ltd. through
Arui SHIN Agency & Qiantaiyang Cultural Development (Beijing) Co., Ltd..

图书在版编目（ＣＩＰ）数据

像哲学家一样思考. 第二辑. 马克思 / 韩国 Goodwill 哲学研究所编著；千
日译. — 北京：东方出版社，2023.3
ISBN 978-7-5207-2072-4

Ⅰ.①像… Ⅱ.①韩… ②千… Ⅲ.①马克思 (Marx, Karl 1818–1883) —哲学
思想—青少年读物 Ⅳ.① B–49

中国版本图书馆 CIP 数据核字 (2022) 第 222938 号

像哲学家一样思考（第二辑）：马克思
XIANG ZHEXUEJIA YIYANG SIKAO DI ER JI : MAKESI

作　者：［韩］Goodwill 哲学研究所
译　者：千日

策划编辑：鲁艳芳
责任编辑：黎民子
出　版：东方出版社
发　行：人民东方出版传媒有限公司
地　址：北京市东城区朝阳门内大街 166 号
邮　编：100010
印　刷：天津图文方嘉印刷有限公司
版　次：2023 年 3 月第 1 版
印　次：2023 年 3 月北京第 1 次印刷
开　本：880 毫米 ×1230 毫米　1/32
印　张：3.75
字　数：36 千字
书　号：ISBN 978-7-5207-2072-4
定　价：180.00 元（全 6 册）
发行电话：（010）85924663　85924644　85924641

我也可以是超人吗

尼采

［韩］Goodwill 哲学研究所 / 编著

千日 / 译

人民东方出版传媒
People's Oriental Publishing & Media

东方出版社
The Oriental Press

目 录

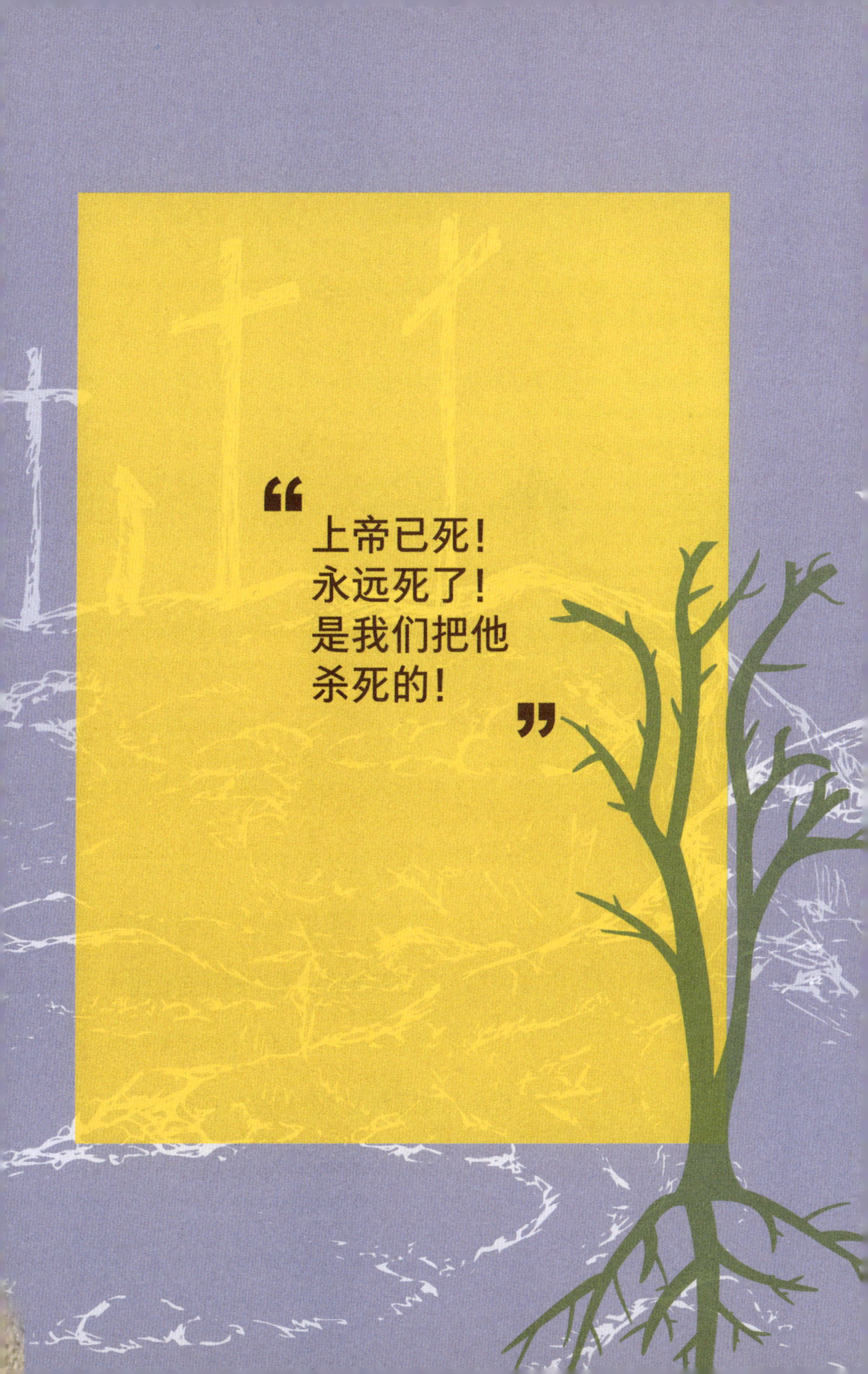
“上帝已死！
永远死了！
是我们把他
杀死的！”

在基督教处于绝对地位的时代，

尼采否定了上帝的存在。

在日耳曼民族至上的社会氛围中，

尼采嘲讽了自己的民族。

尼采怀疑那些被欣然接受的标准和道德，

并且反对独尊人类理性的哲学思想。

尼采呐喊：

推翻所有的信仰。

没有什么真理，

更没有理所当然的事情。

所谓宗教或道德是那些软弱群体为了躲避现实的

痛苦而创造出来的。

那么，尼采是否只是一个喜欢否定的哲学家呢？

我是如此孤独

尼采出生于牧师家庭，从小接触神学，但他并不信仰上帝。他是一名出色的古典语文学教授，但由于身体不适，不得不屡屡辞职，四处流浪求索。

尼采究竟在寻找什么呢？

人生

时代

思想

名言

时事

01

爱思考的孩子

尼采（Friedrich Wilhelm Nietzsche）1844 年出生于德国普鲁士地区。当时，德国尚未统一，该地区应该算作普鲁士。

尼采出生在 10 月 15 日，这个日子正是当时普鲁士国王的生辰，因此他的父亲给他起了和国王一样的名字："弗里德里希·威廉"。

尼采虽然喜欢学习，但并不是一个书呆子。

否定绝对真理的尼采

　　尼采（1844—1900）将基督教和民主伦理视为弱者的奴隶道德，认为理性和义务在压迫人类。此外，他还指出不要躲在宗教或道德的背后，而是应该不断发掘自己的最大潜力并忠实于当前的生活。

虽然由于视力不好，经常在体育课上缺席，但对于自己擅长的体育项目和户外活动，他一向十分热衷。他很擅长游泳和滑冰，而且对于当时流行的徒步旅行也很喜欢。

1858 年，十四岁的尼采进入普夫塔文科中学学习，从此对诗、文学和音乐表现出浓厚的兴趣。

下面这首诗是尼采在十五岁时创作的。

我骑骏马

无惧无怕

向远方飞奔。

见我者知我，

知我者称我——

无家可归的人……

谁敢斗胆

向我盘问

何处是我的家乡？

我从来不拘于

空间和匆匆光阴，

如鹰隼自由飞翔！

——摘自尼采 1859 年普夫塔文科中学时期所写的日记中

整篇诗文给人一种自由、强烈的感受，同时在表示没有故乡的语句中透着一丝孤独的味道。想来早年丧父、小小年纪不得不寄宿在学校的生活令他感受到了孤单。

普夫塔文科中学离尼采当时生活的家有一个小时的路程，属于当时德国最著名的基督教寄宿学校。尼采之所以离家上寄宿学校是家庭的缘故。尼采的爷爷和父亲都是牧师，就连母亲也是生于五代牧师家庭，因此家人都希望他也能成为优秀的牧师，才让他上了普夫塔文科中学。

然而尼采为何没有成为牧师，而是成为一名哲学家的呢？假如尼采继承了家族的传统，说不定真的会成为一名优秀的牧师。

但尼采越学习神学就越对上帝的存在产生怀疑，尼采的这种想法最终将成为他日后的哲学思想中最重要的部分。

尼采童年时期的家

　　尼采出生于普鲁士吕岑附近的一个小村庄里。他们家是一个代代相传的牧师家庭，所以家人们也希望尼采能当上牧师，但他并不信仰上帝。

02

爱提问的真理使徒

尼采在普夫塔文科中学拿到过四年的奖学金。在学校看来，尼采显然拥有成为一名优秀牧师的资质。从普夫塔文科中学毕业后，他进入波恩大学继续攻读神学和古典语文学，但事实上，早在从普夫塔文科中学毕业时，他就已经放弃了对上帝的信仰。

出生在一个牧师家庭，再加上背负家人们

的期待，决定放弃学习神学对尼采来说并不是一件容易的事情。一年之后，尼采毅然放弃了神学学习，转到了莱比锡大学。

尼采的决定遭到家人们的强烈反对。尤其，一生陪伴在他身边照顾他的妹妹伊丽莎白对于

尼采的"背叛"十分失望,给他寄来一封长信。

在信中,伊丽莎白给尼采讲述了基督教信仰为何是真理。对此,尼采也回了一封信,阐述自己不打算学习神学的理由。通过这封回信,我们可以得知当时尼采对宗教和学术的看法。

你说真理往往在困难中被发现,我也比较认同这句话,但你想想"二乘以二不等于四"这句话。你觉得它难以置信,它就能成为真理吗?

反之,我们所学到的一切知识、在我们的脑海里深深地扎根并且让周围很多了不起的人们信奉为真理的东西,甚至是能够给人带来心中安宁和鼓舞人心的东西,简单地接受它们为真理,真的是如此困难的事情吗?

它真的就比冒着精神独立带来的危险，经历无数次挫折和良心考验也始终以真理、美及善为目标，与陈规旧俗做争斗，开创出新的道路的事情更难吗？

　　真的只有达成能够让我们舒心的、让上帝和世界握手言和并找到平衡点的结果才是最重要的事情吗？会不会真正的探索者其实就是那些从不瞻前顾后、敢于提问的人呢？毕竟我们提问并非是为了谋取自己的安稳、平和和幸福，而是只为追求真实，哪怕这个真实极度地丑陋、让你感到不痛快。

　　我还有最后一个问题想问你。假如我们从小相信所有的救赎并非来自基督教的上帝，比如认为来自伊斯兰教的穆罕默德①，我们难道就受不到恩宠了吗？

毕竟给我们带来恩宠的是信仰，而非信仰背后的客观存在。

……

所有真实的信仰都不会欺骗我们。它会让拥有信仰的人在自己的信仰中获得自己想要发现的东西。但真实的信仰对于认可客观真理并没有任何帮助。于是人类出现了分歧。假如希望获得灵魂的平和和幸福，你便继续坚持自己的信仰吧。但若是想成为真理的使徒，那你就要敢于提问。

——摘自尼采 1865 年 6 月 11 日写给妹妹伊丽莎白的书信中

---

① 穆罕默德（570—632）：伊斯兰教的创始人。传说在麦加郊外的山坡上受到神的旨意，从此开始宣传对安拉的崇拜，对阿拉伯国家的政治和历史也产生了很大的影响。

在这封信中包含着尼采对上帝、宗教及真理的真实看法，而且比他日后发表的任何作品中的内容都更加坦诚，因为这是他写给妹妹的、传达自己内心最真实想法的信件。尼采认为人们信仰上帝并不是因为上帝是真理，而是因为信仰本身能给人的内心带来平和。

信件中出现的"客观存在"是指无论是否有人相信，它始终存在。例如珠穆朗玛峰上的白雪、家中的家具、学校、同学等都是客观存在。意思是说，它存在于现实世界中，因此有人经历过它，能够证明它的存在。

但上帝并非可以证明存在的东西，因此它与客观存在相差甚远。简单来说，上帝并非可以看得见、摸得着的存在。

不过无法证明就能否定上帝的存在吗？而且因为没有人见过，就能判断某种事物不存在吗？

例如，没有人亲眼见过恐龙，但不能否认恐龙实际存在过的事实。从这种角度上来说，并非只有亲眼见过才能主张对方的存在。恐龙就是这样，因为地球上还有它们的化石和脚印残留着，我们虽然无法亲眼看到恐龙，但可以确认恐龙留下的痕迹，进而证明恐龙的存在。但对于上帝，我们很难通过这样的证据证明上帝的存在。

一些宗教也会拿出所谓的上帝存在过的证据。例如，基督教的圣杯和圣经、佛教的释迦牟尼悟道的菩提树，等等。

当然，宗教信徒们肯定会举出这样那样的证据，说服自己相信世上有神的存在，但只凭这些所谓的证据，并不能说服其他不是信徒的人。

只因发现耶稣曾经穿过的衣服，就能证明耶稣是上帝的儿子，为了人类被钉死在十字架上，并于三天后复活的事情吗？这显然不足以

证明这些事情。更何况《圣经》本就是相信耶稣是上帝之子的人所写，他本人自然不会否定上帝的存在。同理，佛教、伊斯兰教及其他宗教的情况也是如此。

于是，尼采认为："上帝不同于客观存在，可以看得见、摸得着，因此人们信仰上帝并不

尼采经常散步的小道

尼采短暂逗留过的法国伊兹

　　尼采由于身体不适，一直辗转欧洲各地寻找适合静养的地方。传闻尼采在法国伊兹逗留过一段时间，并在那里完成了他的代表作之一《查拉图斯特拉如是说》。

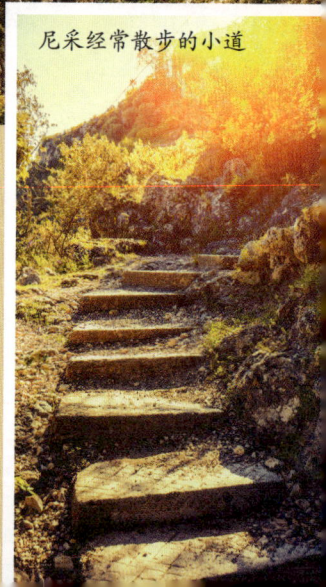

是上帝本身是真理，而是信仰本身能够给予人心灵上的平和与幸福。"

既然信奉上帝，能获得心灵的平和，尼采为何没有信仰上帝呢？也许尼采是一位天生哲学家吧。想必在他看来，相较于内心的平和，自己更渴望真理，也不认为信仰上帝能让自己接触到真理。

从尼采的角度上来说，承认上帝的存在，无异于承认龙、鬼怪及外星人的存在，因为它们同样不是现实中的客观存在，也没有证据可以证明它们存在过。领悟了这个道理之后，尼采自然不会再信仰上帝。

最终，他离开为学习神学而进入的波恩大学，转入莱比锡大学攻读古典语文学。

03

孤独的哲学家

古典语文学是一门研究古代文学的学问。古希腊、古罗马神话等古代文献就是古典语文学学者们的研究对象。在当时的德国，人们对古希腊和古罗马文化的关注度很高，尼采凭借自己卓越的语言天赋、敏锐的观察力及对旧时代思考方式的犀利批判，一举成为优秀的古典语文学家。可以毫不夸张地说，他当时已是德国顶级的古典语文学家。尼采的大学指导教授也曾毫不掩饰地称赞他是自己任教四十多年来见过的最出众的学生。

尼采的语文学成就很快得到人们的认可，仅仅二十五岁就被瑞士的巴塞尔大学聘为古典语文学副教授。尼采充满风趣的授课方式和出色的外貌在学生当中有着很高的人气。尼采的弟子也曾回忆第一次见到老师的场景说："1875 年第一次看到老师时，我被他谦逊的态度吓了一跳。另外，茂盛的胡子令他看起来很自信、很睿智。"

然而由于健康问题，尼采当上教授没多久就选择了辞职。在任教期间，他废寝忘食地学习和开展学术研究，发表了很多著作，加上又要给学生们讲课，身体健康出现问题并不让人感到意外。

在担任大学教授期间，他还以志愿看护兵的身份参加普法战争，结果落下一身疾病。回到大学后，他的健康状况迅速恶化，最终不得不选择辞职。当时，他不仅患有严重的偏头痛，肠胃也不好。此外，眼睛也因疼痛无法正常看东西。

最终在 1879 年，也就是成为教授 10 年后，尼采结束了自己的教授生涯，然后拖着装有衣物和写作原稿的巨大旅行箱，在欧洲各地寻找环境优美、可以静养的场所。

事实上，从离家进入普夫塔文科中学开始，

尼采就没有在一个地方定居太久。可以说巴塞尔大学是他人生中停留在同一个地方时间最长的地方。大部分时期，尼采都会逗留在热那亚、尼斯、威尼斯、都灵等城市，或待在瑞士或德国。仿佛应验着他小时候写的诗那样，像一个无家可归的人，过上了四处漂泊的生活。

我不知道该怎么跟你说我过得怎样，可当我读到你的信，尤其是，看到你寄给我的那些孩子们画的可爱的肖像画的时候，我仿佛感觉到你握着我的手，忧郁地看着我，像是在跟我说：

"如今的我们怎么可能只有这么点共同语言，简直像活在不同的世界里！曾有过一个时期……"

正如这样，我的朋友，如此情况发生在所有我爱的人身上。一切全都过去了。他们仍旧和我说话，照样给我写信，但只是为了不保持沉默。然而真相浮现在他们的眼神中，在所有人的眼睛里我清楚地读到这样的话：尼采朋友，你已完全是孤身一人了。我已经落到这般田地了。啊！我的朋友，这是什么样的漫无目的又万籁俱寂的生活啊！我的人生！如此孤独，如此孤独！如此的"后无来者"！

——摘自1884年2月22日写的书信中

结束教授生涯后，尼采虽然过着孤独的生活，但一切都是他自己的选择。尼采本就是一个喜欢与自己对话的人。虽然孤独，但正因为那份孤独，他才能不断思考。

在这段时期，尼采撰写出很多伟大的哲学著作。为了摆脱孤独，他没有选择平稳的人生，反而利用这份孤独充实了自己哲学家的人生。换作其他意志不坚定的人，想必早已忍受不住孤单，选择依靠家人或宗教也说不定，但尼采却高喊着"上帝已死"，呼吁人们应该成为超越上帝的存在。

可惜的是，到了晚年，尼采渐渐与社会脱节，加上孤单和健康恶化的关系，最终引发精神错乱。在最后的 11 年里，尼采一直接受母亲和妹妹的照料，于 1900 年去世。

知识要点

- 出生于牧师家庭的关系，尼采受到家人们的影响，就读基督教寄宿学校——普夫塔文科中学。尼采从小就爱思考，而且对诗、文学及音乐表现出极大的热情。
- 为了学习神学和语文学，尼采考入波恩大学，但最终放弃了信仰上帝。因为相较于信仰上帝带来的内心平和，他更向往探索真理。
- 尼采转学到莱比锡大学攻读古典语文学专业，而后于 25 岁的年纪被聘为巴塞尔大学的副教授。10 年后，他由于健康问题从巴塞尔大学辞职，转而周游欧洲，寻找各种环境优美的地方静养身体。在孤单的旅途中，他创作出很多伟大的哲学著作。

不断变强的德国

　　尼采刚出生时，相比英国和法国，德国还十分落后。在尝到战败的苦果之后，德国掀起变革的浪潮，最终完成了德意志帝国的统一。尼采可谓是经历了德国最纷乱的时期。

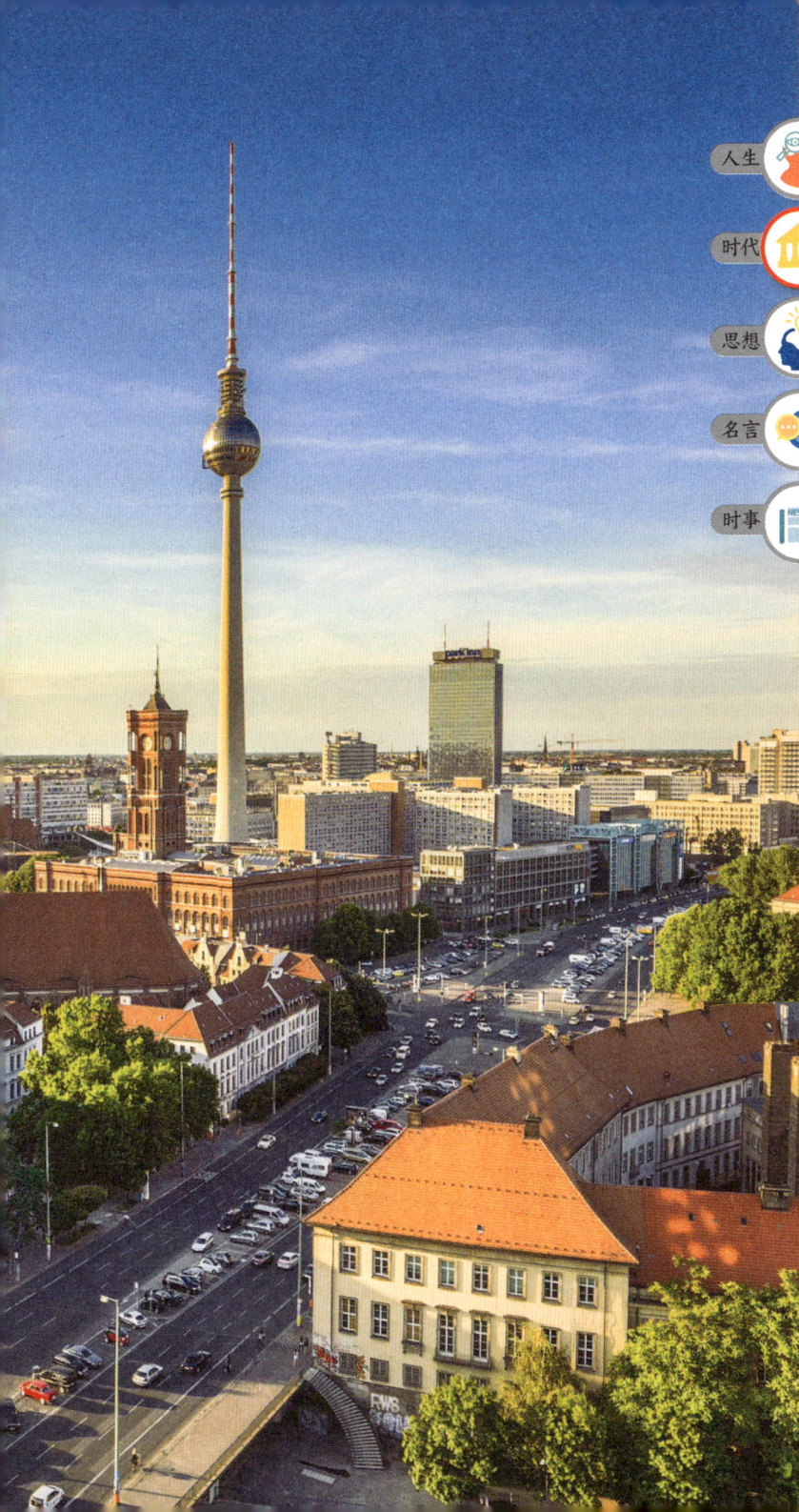

人生

时代

思想

名言

时事

01

落后的德国

尼采出生时的德国正在经历着政治、经济、文化等全方位的巨变。我们如今看到的德国在当时尚未存在，当时的德国并不是一个统一的国家，而是以普鲁士为首的39个城邦、王国组成的联邦。直到1871年，德国才完成统一，成为德意志帝国。

虽说这些城邦也可以看作是一个个小国，但其实与朝鲜历史上的百济、新罗、高句丽没什么区别。

当时，德意志联邦所属每个城邦的法律、民族等都存在一定的差异，每个城邦也都有各自的国王。唯一的共同点就是他们说的都是德语，但无法称之为统一的国家。从这种角度上来说，相比英国、法国等欧洲列强，德国完全是一个落后的国家。

当时的德意志联邦尚未脱离旧时的形态。例如，不同于已经通过革命完成民主主义社会转换的法国和英国，德意志联邦始终维持着封建主义社会形态。甚至英国和法国通过工业革命大力发展资本主义的时候，德意志联邦也始终停留在传统的农业文明阶段。

尼采出生时，巴黎和伦敦早已成为工业中心和大都市，但德意志联邦的城市却只能算是一个个幽静的小山村。尼采出生后所接触到的环境就是这种传统形态的德国。

德国也是宗教改革的代表人物路德的祖国。

路德的宗教改革要求信众回到重视内心信仰虔诚的时代，而这种氛围可以说是当时德国社会的真实写照。

如今的德国已经成为欧洲乃至全世界公认的发达国家，那么，德国是从什么时候开始富强起来的呢？

这个时间点应该是从 19 世纪 80 年代与拿破仑率领的法国军队交战并败北之后开始。1806 年战败后，德国，也就是当时的神圣罗马帝国[①] 解体。

虽然在战争中败北，但激进的德国人受到法国大革命的影响，开始将自由、平等、博爱等价值观视为自身的目标。当人们熟悉自由和平等概念之后，德国人又开始追求物质的富足和生活的安定。

---

① 神圣罗马帝国：962年奥托一世在罗马由教皇加冕称帝开始，至1806年弗朗茨二世败给拿破仑退位为止，以日耳曼民族为主体的帝国。

统一德国的俾斯麦

　　俾斯麦（1815—1898）是为德国统一富强做出巨大贡献的政治家。1862 年，俾斯麦担任普鲁士王国首相后，无视议会的决策，强行扩充军备，然后陆续赢得普奥战争和普法战争的胜利，最终于 1871 年成立德意志帝国。对外，他掌握欧洲外交的主导权；对内，他镇压天主教徒和社会主义运动，被人冠以"铁血宰相"的称号。

于是有人站出来呼吁建立一个不是宗教上虔诚的德国，而是经济、军事上富强的德国。当时的领导人俾斯麦提出了强有力的统一德国的方针，受到人们的支持和拥护。

因此，尼采所生活的时期正处在德国由封建制度下分裂成一盘散沙的德意志联邦，完成强势统一并进入快速发展的阶段。

02

统一和混乱的时期

　　1871 年完成统一的德意志帝国迎来自由主义和资本主义的发展浪潮，工业发展可以说是日新月异。随着国内繁荣富强的氛围渐浓，德国的民族主义也变得空前高涨。

　　当时的德国想要实现国家统一，就必须通过民族意识将日耳曼民族拧成一股绳，但由于太过强调民族意识，日耳曼民族比其他民族更优越的错误意识逐渐冒出了头。雪上加霜的是，社会上开始出现公然歧视生活在德意志联邦内的其他少数民族的现象。即原本只是想强调民族主义的举措，最终弄巧成拙，使得日耳曼民族开始排斥其他民族。

最典型的例子就是第二次世界大战时希特勒和纳粹主导的犹太人大屠杀。尼采所生活的时期虽然离第二次世界大战爆发还尚早，但残酷屠杀的种子早已埋下。

尼采所生活的时期，基督教传统依旧强势，但资本主义发展也齐头并进。在这样的社会变革下，民族主义、自由主义、社会主义等各种思想四处涌现、乱作一团。

在这样的时代里，尼采作为一名哲学家，站出来猛烈批判传统基督教世界观，还曾批判过随着重视物质上的富裕和幸福而产生的德国社会的腐败堕落。

另一方面，尼采也对当时德国社会逐渐出现的日耳曼民族优越论表示厌恶。令人感到遗憾的是，后来的日耳曼民族主义和纳粹党把尼采的思想不正当地引为纳粹主义的思想基础。然而，尼采曾多次在自己的作品中警告过那些强调日耳曼至上的人，但反而被视作是对那些人的支持。

尼采时期的德国正在经历有史以来最大的变革。那是一个首次出现统一的德意志帝国、资本主义在封建形态的农业社会中腾飞、日耳曼民族主义逐渐兴起的时期。正是在这样的混乱中，尼采冷静地洞察现实，不断探索人类应当怎样看待人生。

知识要点

- 尼采出生时的德国是以奥地利和普鲁士为首的39个城邦国组成的联邦。直到1871年，德国才完成统一，成为德意志帝国。
- 在尼采所生活的时代，推动德国从经济和军事上实现富强的人，开始散播德意志民族至上的民族主义思想。与此同时，德国国内还有自由主义、社会主义等众多理念广泛传播。

只凭自己的力量

　　生活在基督教传统支配的欧洲社会里，尼采强烈批判包括基督教在内的所有宗教人士。

　　看着那些在艰难的现实中只求精神平和的人，尼采产生了怎样的想法呢？

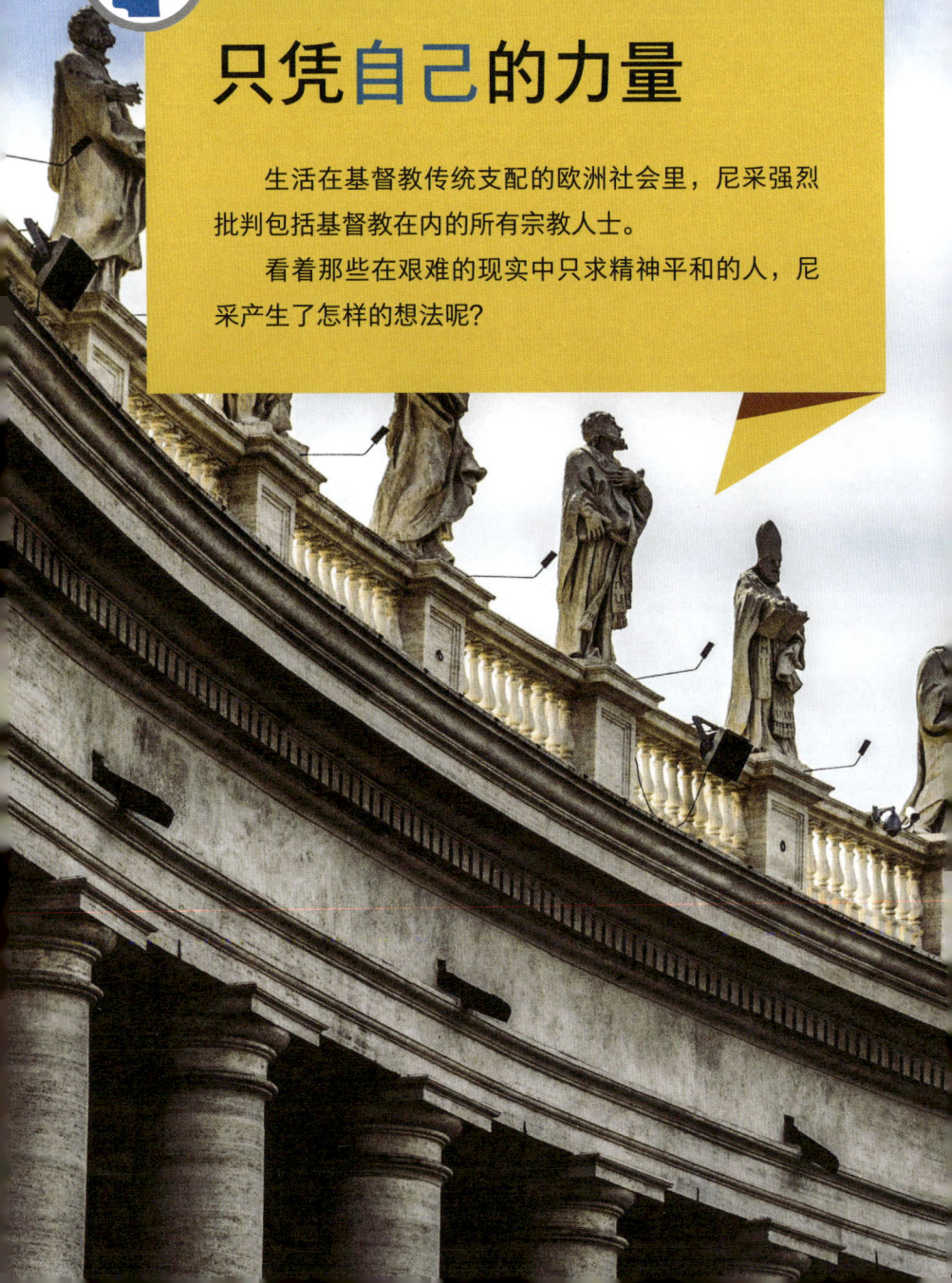

人生

时代

思想

名言

时事

01

完美的神与孱弱的人

尼采说:"上帝已死。"

你们是否听说有个疯子,他在大白天手提灯笼,跑到市场上,一个劲儿呼喊:"我找上帝!我找上帝!"那里恰巧聚集着一群不信上帝的人,于是他招来一阵哄笑。

其中一个问，上帝失踪了吗？另一个问，上帝像小孩迷路了吗？或者他躲起来了？他害怕我们？乘船走了？流亡了？那拨人就如此这般又嚷又笑，乱作一团。疯子跃入他们之中，瞪着两眼，死死盯着他们看，嚷道："上帝哪儿去了？让我告诉你们吧！是我们把他杀了！是你们和我杀的！我们大伙儿全是凶手！我们是怎么杀的呢……我们难道没有闻到上帝的腐臭吗？上帝也会腐臭啊！上帝已死！永远死了！是我们把他杀死的！"

——摘自《快乐的知识》

在那个不信仰上帝就受到批判的时代，尼采居然敢说上帝已经死了，因此被人口诛笔伐。甚至作为虔诚基督教徒的妹妹伊丽莎白同样对哥哥的这种想法感到不满。然而尼采并不理会。

尼采为什么要说上帝已死呢？他是希望上帝死掉吗？事实上，尼采并没有见过上帝，更没有见过上帝的尸体。假如真的见过，他反而会相信上帝的存在。不过既然尼采敢这么说，那肯定有什么哲学上的理由。

事实上，尼采不仅看不惯基督教，还反感所有宗教。尼采认为人们对宗教的信仰会让人们否定自己所处的现实。

否定现实也意味着他们会以消极的态度看待现实中的人类形象，而不会去肯定地、积极地接受。信奉上帝的人会否定现实世界，认为死亡后的世界才是真实的世界。甚至，他们相信人的生命是短暂的，但死后反而有机会得到永生。因此，他们愿意在现实中信仰和追随上帝。

上帝信徒们认为信上帝者死后会上天堂，

45

而不信上帝者死后则会坠入地狱，因此哪怕为了死后能上天堂，他们也会信仰上帝。

在尼采看来，宗教就是因为这一点，即重视天国和来世，才会使信徒消极地看待现实。

例如在宗教中，神是完美的存在。神和谐、睿智、拥有无穷的能力，同时也是不死不灭的善良的存在。但人不同于神，是一个不完美的、邪恶、只能死亡的存在。因此，人始终会以消极的态度看待自己。而这在尼采看来无疑是错的。

不过假如宗教真的如此否定现实，人们又为何要信仰它呢？对于人为何要信仰神的问题，我们可以从基督教的历史中可见一斑。基督教起初是在古罗马的统治下广泛传播的。耶稣刚刚诞生时，罗马正统治着地中海全域。当时受到罗马人支配的犹太人非常渴望能够摆脱罗马的统治，但这显然不是一件容易的事情。

在尼采看来，每个人都有追求优越感和过更好生活的欲望。

于是那些受罗马统治压迫的人纷纷信仰了基督教。因为成为基督教信徒会令他们产生一种优越感。他们信仰上帝，期待着死后上帝给予的补偿，并以此来忍受现实中带来的痛苦。另外，他们会通过慈悲、同情、关爱等价值来唾弃当时统治者的价值，好让自己接受当前的悲惨处境。

从这种角度上来说，基督教确实起到了有助于人们忍受悲惨现实的作用，但尼采却认为，对上帝的信仰不过是软弱群体心中无用的报复，而且还是自欺欺人的那种。毕竟他们不会在现实中想着积极发展自己、改善处境，只敢在内心中做无用的报复。

回顾了基督教早期的历史之后，尼采认定宗教不过是人们需求的产物。他解释说，某些

天主教的科隆大教堂

　　位于德国科隆的传统哥特式教堂。它始建于 1248 年，直至宣告完工耗时超过 600 年。科隆大教堂是当时世界上最高的建筑，象征着天主教的权威。教堂的正面矗立着两座高达 157 米的大型钟楼。

宗教视自己的教义为真理，不是因为他们信奉的"神"重视这些教义，而是因为当时的"人"需要这些教义。

最终，尼采认为神不过是人类根据自己的需要创造出来的，所以他说"上帝已死"。

02

什么是人性

信仰神就报复了对方吗？

举个例子：有个喜欢欺负其他同学的坏学生。若是打不过对方，也无法告知老师，我们该怎么办呢？

假如信仰宗教，我们可能会这么想："这是上帝留给我的试炼，所以我得忍受。更何况我是信奉上帝的好人，即使遇到欺压也要忍住。

只要通过这些试炼，总有一天我能获得相应的补偿。"

这就是所谓的弱者对强者的无用的报复。表面上弱者接受了欺负，内心中却期待总有一天能获得补偿。

那么我们是否应该跟对方战斗，打赢对方

这是上帝给我的试炼，我要忍受。

其实是对方长得太壮，自己没有勇气还手。

呵呵呵

呢？当然，尼采并没有建议我们去打架，他是一个讨厌战争的人。不过相较于怯弱地在内心中进行报复，尼采认为，我们更应该通过自己的力量，积极地摆脱这种情况。

尼采认为，所有人都拥有"权力意志（追求强力的意志）"。在他看来，"权力意志"既有积极的表现也有消极的表现，而基督教的信仰则是"权力意志"的消极表现。

权力意志可以说是一种单纯地想要变得强大的意志。尼采所说的"权力意志"是指所有生命所具有的最本质的欲望，所有生命都具有一种追求欲望，而尼采认为这种欲望才是带动世界发展的根本原理。

存在的最内在本质就是权力意志；快乐就是权力增长的情感；痛苦就是一切不能抵抗和无法支配的情感。如此一来，我们是否可以把快乐和不快视为一切生命体的根本条件呢？不过询问"谁能感到快乐？谁能感受到权力"，这无疑是一件愚蠢的行为。因为存在本身就是权力意志、是快乐与不快的感受。

——摘自《权力意志》

从这种角度上来说，尼采认为人类与动物并无不同。他的这种想法很大一部分是因为受到达尔文[1]思想的启发，而强调意志的思想则受到叔本华的影响。尼采认为与其他生命一样，对于人类来讲，权力意志同样是最根本性的东西。

当人们谈论起人性的时候，会先入为

---

[1] 达尔文（1809—1822）：英国生物学家。在1859年出版的《物种起源》中提出生物界物种的进化及变异，是以物竞天择的进化为其基本假设的"生物进化学说"。

尼采一度崇拜过的叔本华

叔本华（1788—1860）是一个对人生十分消极和悲观的哲学家。尼采受到叔本华的理性主义批判和无神论的影响，对欧洲文化传统进行更加强烈的批判。不过他后来通过权力意志，又转而传递积极面对人生的思想。

主地认为自己有别于动物。但事实上，两者之间没有任何区别。即"自然"性与自以为特殊的"人"性错综复杂地纠缠在一起。人类其自视甚高的人性与自然一般无二，同时他自身就藏有自然那可怕的双重特性。

——摘自《荷马的竞赛》

人类最高层次、最高贵的权力是指我们口中的"不够自然"，比如被称为伟大的"人性"的东西，而在尼采看来，这些不仅不够人性，反而更倾向于自然。

尼采认为在人类史上被视为最重要的"理性"反而在抑制着人类。人类本身就是拥有本能和冲动的自然存在，但需要做出"不自然"的行为，所以只会不断地欺骗自己、抑制自己。

荷马的史诗——《伊利亚特》

《伊利亚特》是由荷马（？—？）所作的史诗。故事中，世上最勇敢的将领阿喀琉斯虽然残忍冷血、杀人不眨眼，但古希腊人却对这种残忍十分狂热，而且也因此而崇拜阿喀琉斯。尼采表示我们所谓的最人性的东西其实往往来自那些非人性的事情上。

因此，尼采认为人类有必要承认自己具有的本能和冲动，并将自己视为自然的一部分。因为这才是人类变幸福的关键所在。

人类有别于动物的主张听起来似乎很有道理，但尼采指出人与动物无异，并不是因为他否定理性的存在，而是因为在他看来对于人类来说，根本性的、更重要的因素并非理性，而是本能的冲动。

人们正因为太过强调理性，所以不知不觉就忘记自己也是自然中的一员的事实，以至于对自己的自然本质感到害羞，甚至试图进行遮掩。尼采指出我们不应该去追求那些早已歪曲的形象，而是要积极地接受人类本源的形态，其核心就是"权力意志"。

那么演奏音乐或画画的艺术行为也能称之为"权力意志"吗？尼采认为美也是一种有用、有益并提高生活质量的东西。从这种角度上来说，艺术上的创作同样属于人类克服当前状态，试图朝着更高层次进发的力量，即权力意志的表现。

只要在有生命的地方，我就会找到"权力意志"。

甚至在仆役的意志里面，我也找得到要做主人的意志。弱者的意志会说服自己服从强者，同时还希望成为更弱者的主人。这是他不愿让出的唯一喜悦。

正如弱者屈服于强者，好使自己享受主宰更弱者的喜悦；强者也会屈服于更强者，并为取得权力而拿生命当赌注。

——摘自《查拉图斯特拉如是说》

弱者本身是没有权力的，因此想要征服别人就得借助比自己更强之人的权力。尼采认为这种屈服和支配就是因为个人缺乏权力所导致的结果。假如是一个拥有权力的人，绝不会向别人屈服，更不会去支配别人。但弱者会巴结比自己更强的人，同时会压迫比自己更弱的人。尼采认为神就是处于强者最顶端的存在。

权力意志并不是一个容易理解的概念。更何况尼采的写作风格不同于其他哲学家，作品中使用了许多比喻和象征，而且文学性极强。这也是尼采作品的特点之一。正因如此，对于尼采的思想，哲学家们也是各执一词、争论不休。

不过重要的是，所有的生命都有让自己的生活变得更加美好的意志，而人类同样基于这种意志创造出许多灿烂的文化。

03

追求自身价值的超人

假如说人类的所有活动都基于权力意志，那么大家在追求权力的过程中是否会出现摩擦呢？假如没有神站出来指出哪个应该做、哪个不应该做，人类应该秉持什么标准来行动呢？对于尼采来说，"上帝死后，人类应该怎么活？"的问题同样十分重要。

尼采认为人类的所有问题并不是精神上的、

理性的问题，而是与人类最根本的欲望相关的心理上的问题。因此，从尼采的观点来看，哲学、道德、宗教、政治、科学及其他一切文化和文明中的现象，皆可以通过权力意志的概念进行解释。

尼采主张人们坚信的真理都是相对的。即唯一的神告诉我们的所谓真理其实根本就不存在。

查拉图斯特拉曾到过许多地方，看过不少民族，因此他悟出许多民族的善与恶。同时查拉图斯特拉也发现，世界上并没有比善与恶更伟大的权力。事实上，没有一个民族能不经价值的评估而得以生存。一个民族若想自立图存，就必须具备一套与别的民族不同的评估价值的标准。

我看到一个民族认为善的事物，往往遭到其他民族的轻蔑。我还看到，他们被称之为恶的，在别处却披着荣耀的红袍。一个人绝对无法了解他的邻人，他的灵魂往往会对邻人的愚昧和邪恶感到惊讶。每个民族都有卓越的纪录。看！那是它们的辉煌战绩；看！那是它们——"权力意志"的呼声。

——摘自《查拉图斯特拉如是说》

　　这里所说的"每个民族都有卓越的纪录"，是指每个民族判断善与恶的道德标准都不相同。一方觉得是善的事情，换到另一方可能会觉得是羞耻、不光彩的事情。

　　这就是尼采否定神的绝对存在的理由，然而在当时，这种想法十分另类。例如，基督教

古代波斯帝国宗教是查拉图斯特拉的象征

　　查拉图斯特拉（公元前628—公元前551），又名琐罗亚斯德，是琐罗亚斯德教的创始人。他宣称在现实的世界里，善神和凶神双方的势力之间在不断地进行斗争，而善神的势力终究会赢得胜利。尼采所写的《查拉图斯特拉如是说》中的查拉图斯特拉实际上与琐罗亚斯德教没有任何关系，只不过借的他的名字而已。

信徒不会单纯地认为伊斯兰教信徒是信仰其他宗教的人，而是直接将他们视为异端。

尼采认为任何时候、任何地点都不存在绝对的真理。相较于相信那些老掉牙的真理，尼采强调人们要忠实于自己的人生。

《查拉图斯特拉如是说》是尼采著作中最出名的一部著作。在这本书中，尼采希望出现忠于自己的存在、不断超越自己的人，即超人（superman）。

在看到尼采所说的上帝死后，超人就要登场的话后，很多人都误以为他所说的超人是一个像神一样拥有超凡能力的人，但事实上尼采所指并非如此。

我教你们何谓超人：人是应被超越的某种东西。你们为了超越自己，干过什么呢？直到现在，一切生物都创造过超越自身的某种东西，难道你们要做大潮的退潮，情愿退化为动物也不愿超越自己吗？

……

超人就是大地的意思。就让你们的意志说：超人必定是大地吧！我恳求你们：我的弟兄们，忠于大地吧，不要相信那些跟你们侈谈超脱尘世的希望的人！他们是施毒者，不管他们有意或无意。他们是蔑视生命者、将死者、中毒者，大地已经厌恶他们。

那就让他们离开人世吧！从前亵渎上帝乃是最大的亵渎。可是现在上帝死掉了。一同死去的还有那些上帝的亵渎者。

——摘自《查拉图斯特拉如是说》

为了能够通过象征性的表达方式让人们有

更多的领悟，尼采并没有采用阐述的方式，而是选择了更多暗喻和明喻的表达方式。虽然使用象征性修辞手法使得文章理解起来有些困难，但不可否认其中蕴藏的真谛也更深了。

尼采想要通过超人告诉众人的是，人类需要忠于自己并不断超越自己。

在尼采看来，大部分人都对自己不够忠实，他们经常会做自己不愿意做或做不好的事情。另外，他们已经习惯曲意逢迎，而对象就是社会、国家及宗教教给的各种标准。

在尼采看来，这显然不合理。尼采主张人类不应该为了迎合外部的标准而活，而是应该不断发掘自己的潜力，即要不断超越自己。可以说尼采强调的并不是神的力量，而是人类本身的力量。甚至，他还表示人类要敢于违背自己的教导。

现在我独自走了，我的弟子们！你们如今也要各奔东西！这是我的愿望。

我真诚地奉劝你们：离开我，然后警惕查拉图斯特拉，顾好你们自己，甚至是视我为耻辱！因为说不定我是在欺骗你们。一个领悟真谛的人，不仅要爱他的敌人，还要能恨自己的朋友。如果永远甘愿只做个弟子，那是对老师的最大的不孝。你们为何就没有想过要扯掉我的桂冠呢？

——摘自《查拉图斯特拉如是说》

尼采强调每个人都要走自己该走的路。他希望人们能够不依靠他人，只靠自己的力量成就超人，因此，可以将他这个引导者也视作耻辱，因为尼采说的话亦有可能是错误的。

让自己的弟子们视自己为耻辱，听起来有些匪夷所思，但这恰恰反映了尼采的想法——任何信仰都不能被视为绝对。

在尼采看来，超人并非是拥有某种过人天赋从而能够影响别人或统治别人的人，而是一种极其忠于自己人生的人。

尼采主张相较于信仰上帝，更应该相信自己的力量。从这个角度上来说，尼采无疑也属于一名超人哲学家。

知识要点

- 尼采认为上帝不过是应人类需求而生的存在。因此，他才会说"上帝已死"。
- 尼采认为一切生命体都具有朝着更高层次发展的欲望——"权力意志"。
- 尼采强调人类本身的力量，主张人们要成为不断发掘自己的潜力并忠于自己人生的超人。

尼采的名言名段

只要在有生命的地方，我就会找到"权力意志"。甚至在仆役的意志里面，我也找得到要做主人的意志。弱者的意志会说服自己服从强者，同时还希望成为更弱者的主人。

——尼采

人生

时代

思想

名言

时事

01

上帝已死

提到西方哲学史上的名言，大家都会想起什么经典名句呢？虽然无法断定哪句话最出名，但可以肯定的是尼采说的"上帝已死"绝对榜上有名。

尼采喜欢用一些简练的话来表达自己的思想。毫不夸张地说，尼采所说的"上帝已死"的知名程度一点都不亚于苏格拉底说过的"认识你自己"。

就像"认识你自己"中包含着"认识你的无知"的深意一样，"上帝已死"这句话也暗含深意。它是指人们所信奉的上帝的旨意并非绝对真理。事实上，尼采从来都不相信上帝的存在。

在西方哲学中，上帝的存在十分重要。在基督教影响力占据主导地位的中世纪，当时的哲学是宗教哲学。当时的人们不断钻研如何证明本不存在的上帝的存在，同时苦思冥想如何遵循上帝的教诲。

他们认为上帝是完美、善良、无所不能的，因此只要遵循上帝的旨意，世间的一切烦恼和苦难都能得到解决，他们还相信那些不信仰上帝的人终究会迎来永久的惩罚。

然而在尼采看来，这种情况十分不合理，尼采想把人类从上帝的枷锁中解放出来。他希

望人们能忠于自己，而不是继续听命于所谓的
上帝旨意。

　　信奉上帝的人始终会抑制自己的欲望。在
基督教的十诫中全部都是"不可……"的规定，
以致人类只知道自己不可以干什么，却不知道
自己可以干什么和该干什么。

然而尼采认为只有人类具有的原始欲望才是引导人类进步的力量，因此他表示只有上帝死了，即无条件的信仰消失了，人类才能追求更好的状态。这也是尼采提出"上帝已死"和"超人哲学"思想的缘由。

那么，超人究竟是指什么样的人呢？超人并不是信仰死后世界从而轻视现实的人，而是完全忠于自己人生的人，以及基于这种生活态度，不断发掘自己的潜力，追求和实现自我价值的人。因此，对于尼采来说，超人是最理想的人格（人性）。

02

存在无对错，
存在即有用

尼采比任何人都要积极地看待现实和人类。不过尼采之前的西方哲学，普遍对现实中的人类抱有消极的看法。尼采曾猛烈批判过的基督教也不例外。现实中的一切是不断变化的，但当时的西方哲学对变化的看法是否定的。

对永恒不变的事物，他们却十分看好，甚至极为肯定。事实上，现代人对于这方面的看法跟他们一般无二。现代人往往也认为变化不是什么好事。例如对于"海枯石烂的爱情""始终如一的信仰""一如既往赤诚相待的友谊"等,人们会交口称赞;但对于反复无常和出尔反尔的人,人们却十分唾弃。

现实中的人类是一种什么样的存在呢?即使付出再多的努力,一个人也无法阻止自己的改变。只要时间在流逝,人的外貌、兴趣及世界观等都会发生变化。明知这种变化再正常不过,但尼采之前的西方哲学始终将现实中的人视为傻、丑陋、反复无常的人。

如果人类是傻、丑陋的存在,那么与之对应的就是神。对比神和人类,神成了不变化的存在,自始至终都保持永恒、完美的形态。

即使是身为人类时的耶稣也无法称之为完美的神。因为人类状态下的耶稣能感受到饥饿,也需要上厕所。然而这种情况不属于完美的形态。一个需要上厕所、消化不良,甚至爱放屁的神简直不堪设想。尽管这些都是人类的正常生理现象，但我们却将其视为不完美存在的特征，并为此感到羞愧。

由此可见，肉体与视为永恒的精神是不同的。所有的人类都拥有肉体，因此总有一天会面临死亡。这就是传统西方哲学和基督教推行的二元论思考方式。而在这种思想的影响下，人类始终为追求完美而否定现实。

现在的我们也是如此。相较于完全肯定现在，人们更倾向于为实现更好的未来、更完美的自身而不断努力。在这一过程中，最先被否定的便是我们的本能和冲动，但产生冲动的却是人类的肉体本身。

不过尼采认为，人类没必要否定自己。本能、冲动、变化是人类正常的表现。

死后都不知道要经历什么样的世界，但真的有必要为了那未知世界的快乐而否定当前的

自己吗？为何要否定身为人类必然会拥有的冲动和欲望呢？

正因如此，尼采才会认为："存在无对错，存在即有用。"其中，"存在无对错"是指没必要否定作为人类该有的状态；而"存在即有用"是指没必要否定作为人类本身，即没必要否定人类的肉体。积极地面对现在，这就是尼采想要告诉我们的话。

掉落到地上的种子，只有舍弃自己原本的形态才能发芽生长。假如种子始终保持种子的状态，它既不可能发芽，也不可能长出叶子。

假如没有这种变化，世界会变成什么模样呢？若是所有的事物都不会经历变化，始终维持着原貌，那这种世界跟死去的世界又有什么不同呢？正因如此，所以尼采才会表示，存在的事物都会经历变化，而只有变化的东西才是世间的真实形态，人们必须积极地接受这一切。

尼采认为这种变化会在人生中不断重复。就像一年四季的交替一样，假如人生中痛苦的时刻不断重现，我们肯定无法忍受。

尼采认为，想要防止痛苦的经历不断重复，我们就必须成为超人。超人不会否定当前的状态，只会不断努力超越自己。对于这样的超人来说，永远重复的世界才是对人生最大的祝福和礼物。

　　试问，我们是否忠于当下的人生，哪怕这一刻不断重复也能感受到幸福？

知识要点

- 尼采所说的"上帝已死"是指人们一直以来深信不疑的神的旨意并非绝对的真理。尼采希望人类忠于自己的人生，而并非听命于神的旨意。
- 尼采指出，人类没必要否定作为人类该有的状态，即没必要否定自己的肉体。他还表示变化是世界的真实形态，所以人类应该积极地接受源于肉体的本能和冲动。

真理是否存在

只因觉得自己信仰的才是唯一真理，或出于自己民族才是至高无上的优越感，世界上自始至终都在爆发各种纷争。

假如尼采看到这种场景会发表什么样的看法呢？

人生

时代

思想

名言

时事

01

宗教、民族之间的矛盾
为何始终无法停息

　　假如尼采出现在现代社会，他会最先关注何种情况呢？会不会是民族和民族之间、宗教和宗教之间不断爆发的矛盾和争斗呢？

　　文明的进步使得人类摆脱曾经的野蛮状态，享受到更加理想化的生活。不过人类生活真的会变得更加富足、和平吗？通过新闻报道看到的世界告诉我们，现实也许很多时候与我们的认知相反。

如今，世界各地每时每刻都在爆发各种矛盾。如民族之间的矛盾、文化差异导致的矛盾、不同政治制度之间的矛盾、不同宗教之间的矛盾，等等。另外，相较于沟通、让步等明智的方法，人们也会采用战争、恐怖袭击等极端方法来激化矛盾。

如果尼采看到这些，肯定会觉得现在的人类热衷于相互诽谤、憎恶及攻击的行为多过创造积极、有益的价值的行为。那么为什么这种极端的对立无法停息呢？为何人们都在渴望和

我们需要寻找积极、有益的价值。

平，但和平离我们总是如此遥远呢？

尼采批判人类文明之所以形成这种极端对立的局面，是因为每个人都在主张属于自己认为的绝对真理。而尼采本人却认为，世上并不存在绝对真理。

那么什么是绝对真理，为何说它是不同群体之间的矛盾和对立的原因？尼采在《查拉图斯特拉如是说》中解释道："在习俗和法规方面，每个民族都有他们自己的说法。"

尼采所说的每个民族自己的说法，就是所谓的绝对真理。假如一种见解是绝对真理，那么除它之外的其他见解都属于错误观点。例如在基督教中，上帝是至高神、唯一真神，而剩下的神都是假神，即偶像。因此，从基督教的立场来说，无论是佛祖、各个地区的土著神，乃至古代神话中登场的神等都属于假神。而这样的想法会使得信徒们排斥其他宗教和它们的信徒，从而形成对立关系。

只要他们认为自己信仰的神是唯一真神，那么这种对立就永远不会消失。而当这种对立关系达到极致时，不可避免地会引发恐怖行动和战争。伊斯兰教信徒和基督教信徒之间接连不断的矛盾就是最好的例子。

不只是宗教，就连不同民族之间也会发生这样的矛盾。例如，第二次世界大战时爆发的犹太人大屠杀，就是因为日耳曼民族觉得自己的民族至高无上才导致了这样的惨剧。正因为他们抱着为了自己民族的利益可以毫不犹豫地牺牲掉其他民族利益的想法，所以才会做出如此惨绝人寰的事情来。假如当时德国人认为自己的民族与犹太人的民族平等，就不会酿成大屠杀这种悲剧。

事实上，我们接触到的并非只有社会层面上的对立。在与自己的朋友讨论问题时，我们也会固执己见，认为自己说的才是正确的。因此，我们往往不会轻易让步或接纳对方的意见，只会一味地主张自己的见解。但这显然不是正确的讨论态度。因为在尼采看来，世上不存在所谓的绝对真理。

每个国家的文化、种族特有的思考方式和道德准则等都不存在绝对正确的说法。只不过这些思考方式和道德准则源于他们所处的社会环境，所以比较适合他们自身而已。因此，我们的一切和属于其他文化圈里的一切只能说是不同的事物，而不存在谁对谁错的说法。

尼采认为，我们每个人的想法都是不完整的，所以我们应该尊重和肯定彼此的想法。

尼采强调要学会尊重其他人的"观点"。因为承认彼此的认知不同和尊重彼此的想法，才是让自己的意见得到尊重的正确之道。

02

尼采和柏拉图

尼采是曾批判整个西方哲学史的哲学家，而站在西方哲学顶端的哲学家则是柏拉图。在西方哲学史上，柏拉图是一位有着举足轻重地位的哲学家，英国哲学家怀特海①曾感叹："整个西方哲学史都是柏拉图哲学的一系列注脚。"

---

① 怀特海（1861—1947）：英国哲学家、数学家。他用自然哲学方法来解决存在于科学基本预设之中的哲学难题。

西方哲学的源头——柏拉图

　　柏拉图是古希腊哲学家。他主张世上的任何事物都有其原型——"理念"。

　　但尼采依然对柏拉图的思想提出猛烈的批判。因为他们看待现实世界人类的立场不同。

　　柏拉图认为世界有两个实体：一个是我们能够看见的现实世界。如摆在我们面前的书籍、飘在空中的白云等都属于现实世界。柏拉图表示，这种现实世界是一个影像的世界。

　　明明是可以看得见、摸得着的世界，他为什么要说现实世界是一个影像的世界呢？因为我们所见到的所有对象都是能变化的，而变化意味着不是永恒，是会消失的。

按照柏拉图的观点，真理是不变的，但我们现实中所看到、听到、摸到的事物随时都有可能发生变化，因此不属于永恒的真理。会变的友情不是真正的友情；会变的信仰也不是真正的信仰，他认为变化的对象不是真正的对象。

那么对于柏拉图来说，究竟什么是真实的呢？

现实生活中，我们会结交朋友，建立友谊，但也会跟他们发生争吵，甚至老死不相往来。柏拉图认为只有我们脑海中的友情是真实的友情，而现实中的友情则不是真实的友情。尽管现实中的友情总存在各种不足之处，但我们的脑海中却有着对真实友情的概念，而且这种友情不会变质和褪色，是永恒、完美的存在。

同样，现实中我们无法画出绝对完美的正三角形，但我们的脑海中却存在完美正三角形的形象。这种完美的概念，柏拉图称之为"理念"。

柏拉图认为，世上除了我们所在的现实世界，还存在一个完美的世界——理念世界。在理念世界中，无论是友情、幸福，还是颜色、图形等都是完美的。

柏拉图表示人类应该不断向这种完美世界靠拢。柏拉图在思考"什么是善良的行为""什么是完美的事物"的同时，也主张人类应该不断克服消极的一面，朝着完美世界发展。

然而尼采的想法却不同。他批判柏拉图构思的理念世界是一种不存在的虚构世界，而且正是这些理念世界的幻想给人类带来了不幸。

尼采为什么会有这样的想法呢？在尼采看来，柏拉图的教导会让人否定自己，而不是肯定自己。由于柏拉图否定变化、肯定永恒不变，所以自然会否定地看待与理念世界对立的现实世界。

然而现实会不断变化，所以尼采认为人类想要变得幸福，就必须积极地面对现实中的自己。而想要积极面对现实中的自己，首先要了解自己的真实形态。

世界的真实形态是不断产生和变化的。而表达这种产生和变化的概念便是"权力意志"。尼采用权力意志的概念来解释不断摆脱原来的状态、朝前发展的世界的真实形态。

如果对于柏拉图，"理念"就是世界的真实形态；那么对于尼采，永恒变化的"权力意志"才是世界的真实形态。

尼采认为，假如不认可世界形态的变化，人的一生都将充满不幸。因为他们否定现实，追求着不可能存在的世界。尼采认为这是西方

哲学的最大缺陷。这一点又与东方哲学以阴阳
变化来说明物质世界是运动的并不相同。

在尼采看来，西方哲学中强调的道德准则
也不过是否定人类的本来面貌施加"不可……"
的强迫而已。此外，不积极看待现实世界，只
追求死后世界的宗教也是如此。

尼采认为基督教就是"宗教化的柏拉图主

义、大众化的柏拉图主义"。因为柏拉图的哲学中所提及的灵魂和肉体的二元论，如实地反映到了基督教的价值观中。如果只把现实世界视为来世的准备阶段，现实世界的价值必然会遭到削减。

例如，我们只把初中和高中视为上大学之前的准备阶段，那么我们原本应该在初中和高中去经历的很多事情，都要因"为考上大学"而推迟。例如交朋友、培养兴趣爱好、阅读课外书籍开拓眼界等，都是初中和高中时期很有价值的事情，但不得不为考大学而让路。那么等我们上了大学之后，情况就会好转吗？会不会出于"为了找工作"的目的，大学时期的价值也要遭到削减呢？显然这种过程会不断重复下去。

不认可自己所处的现实世界和自己本身，人类就会永远抑制自己，并且变得不幸起来。

正因如此，尼采才会主张要摆脱这种枷锁。

不过值得留意的是，认可自己本身并不意味着永远停留在当前的状态，而是指不断发掘和发挥自己的潜力。

尼采肯定现实本身，提倡积极变化的意志。因为现在的我是可以变化的我，也是必须变化的我。这也是尼采的哲学被认为是积极的哲学的缘由。

通过**尼采的故事**学习哲学

上帝不过是应人类
需求而生的存在。

尼采是对 20 世纪哲学产生重大影响的人物之一。他反对基督教和传统哲学对人类的看法，同时对绝对真理提出质疑。

传统哲学和现代哲学的最大区别，在于是否存在无法质疑的绝对真理。不过这种对真理的立场随着尼采的登场而出现分歧。这也是尼采去世 100 多年，仍有无数人关注他的原因。

对于"什么是人类，人类应该怎么活?"的问题，尼采之前的哲学家们做出了超越现实的回答。超越现实是指他们的答案都依赖于现实中不存在的神或绝对真理。他们否定人类拥有的本能、欲望、情感等价值，主要研究的也都是如何抑制和战胜它们的课题。人们也都一味地听从关于这些问题的教导，而从未想过要怀疑或提出质疑。

而形成这种局面，从柏拉图开始一脉相承的西方传统哲学和基督教的影响首当其冲。基督教强调上帝的旨意就是绝对真理，要求信徒们听命于他；柏拉图也教导人们世上存在超越现实的、未知的真理世界——理念世界。

然而在尼采看来，世上就不存在所谓的绝对真理。另外，真理的世界也不是原本就存在的，而是某些人根据自己的需求捏造出来的。尼采还指出，除了宗教和哲学，文学、政治、社会、经济等都是根据人们的需求创造出来的。

尼采所说的"上帝已死"这句话中包含了，对"上帝"的信仰不是绝对真理，只是人们创造出来的习惯而已。尼采的核心思想就是不存在所谓的绝对真理。

另外，尼采还表示上帝死后，"超人"就要登场。这里所说的超人并不是指的超越普通人类的人，而是指一种理想化的人。尼采表示当人们忠于自己时，他们就会成为超人。

传统哲学和基督教只肯定人类的理性，至

于人类的其他一切，则认为应该通过禁欲和克制来进行抑制。然而尼采却认为人类拥有理性和原始欲望，同时还用"权力意志"来描述人类的原始欲望。

权力意志是指超越当前状态，朝着更好的状态进发的欲望或渴望。尼采主张包括人类在内的所有生命体都具有这种权力意志。尼采还表示，当积极地看待这种欲望，健康地满足这种欲望时，人类就能成为超人。即通过信仰自己，人类可以成为更自由、更强大的存在。

尼采并没有选择安稳的生活。他提着行李箱，游历欧洲各地，与孤独做争斗。但这终究是尼采自己的选择。他在孤独中聆听自己的声音，创造出独树一帜的哲学思想。他的这些哲学思想都被他通过一条条含有隐喻和象征的"警句"表达了出来。

从这种角度上来说，尼采显然在修辞手法

方面也是标新立异。另外，从尼采自身的形象中，我们可以感受到他所描述的超人的形象。

尼采在活跃于哲学创作的过程中，突然有一天摔倒在地，然后在精神病的状态下生活了11年后去世。作为一名精神卓越的哲学家，他的结局可谓十分悲惨。尼采患上精神病的时期也是他名扬天下的时期，这个时期他的著作引起了人们极大的关注。

可惜的是，他的想法被很多人误解，甚至权力意志等概念还被恶意利用在纳粹屠杀犹太人上。需知，尼采所说的权力意志并不是指用来欺负别人的力量，而是认知自己并加以发展的力量。

尼采宁愿多过一天忠于自己的生活，也不愿把命运交给上帝，否定现实。从这一点来看，尼采也不失为一位超人哲学家。总之，"人如何才能忠于自己的人生"的问题，可以说是尼采最关心的问题。而通过学习尼采的思想，我们终将会发现藏在内心中的真正自己。

"我是谁？我真正希望的是什么？"这些问题的答案就藏在我们的内心。如果能够回答这些提问，相信我们也能成为尼采所说的那种超人。尼采不仅向我们抛出这些问题，还帮助我们寻找到答案。

历史中的尼采

	西方	尼采	东方
1844年		出生于德国吕岑。	
1848年	法国二月革命爆发。		
1849年		5岁时父亲去世。	
1851年	法国总统路易·拿破仑实行政变。		中国洪秀全发动太平天国运动。
1853年	俄罗斯与土耳其、英国、法国、撒丁王国联军之间的克里米亚战争爆发。	▲尼采	
1858年		14岁时进入普夫塔文科中学。	
1859年	英国生物学家达尔文出版《物种起源》。		
1860年			英法联军火烧圆明园。
1861年	美国爆发南北战争。		清朝咸丰皇帝逝世，慈禧太后正式上台。
1863年	美国林肯总统颁布《解放黑人奴隶宣言》。		
1864年	▲林肯	20岁时进入波恩大学攻读神学和古典语文学。	
1865年		21岁时转学到莱比锡大学继续攻读古典语文学。此时已放弃神学。	

104

	西方	尼采	东方
1869年	埃及苏伊士运河开通，连接红海和地中海。	25岁时成为巴塞尔大学的古典语文学副教授，并认识瓦格纳。	
1871年	德国实现统一，并宣布德意志帝国成立。		
1876年	美国格拉汉姆·贝尔发明电话机。	健康状态恶化。	朝鲜与日本签订《江华条约》。
1878年		34岁时发表《人性的，太人性的》。	
1879年		35岁时提出辞职，开始周游欧洲。	
1883年	德国马克思逝世。	39岁时出版《查拉图斯特拉如是说》的第一部和第二部。	
1884年	 ▲马克思		法国侵略中国和越南，爆发中法战争。
1887年		43岁时出版《道德谱系》。	
1889年		引发精神错乱，由母亲和妹妹照料。	
1894年			朝鲜实施一系列改革，史称"甲午更张"。
1897年		53岁时，母亲去世。	
1900年	奥地利弗洛伊德出版《梦的解析》。	56岁时留下《悲剧的诞生》《快乐的知识》等作品后离世。	中国爆发义和团运动。

尼采虽然是哲学家，但讲过很多有关宗教和神的理论。那么，宗教和哲学究竟有什么不同呢?

请写一写你的想法。

尼采认为包括人类在内的所有生命都具有"权力意志"。"权力意志"究竟是什么？

请写一写你的想法。

存在无对错，存在即有用。

抄写一遍这句名言，思考一下它的含义。

当我们对一件事情提出越多的见解，我们就能越清晰地看到它。

抄写一遍这句名言，思考一下它的含义。

我们的思想不过是自己所看到、听到、感受到的事物非常巧妙地纠缠在一起的游戏而已。

抄写一遍这句名言，思考一下它的含义。

文 | Goodwill 哲学研究所

Goodwill 哲学研究所创立于 2006 年 10 月。创立人员主要以哲学教育和研究经验丰富的教师为主。他们的宗旨是为小学、初高中生及一些哲学论述教育家们，提供关于创意性思考能力的优质教育内容。Goodwill 哲学研究所以专业的学问为基础，横跨人文和自然领域，致力于传播当今哲学和论述教育所需的整体性、综合性的知识。

※ Goodwill 意为善意，相信人性本善，所以在为每个人都能活出个人样而努力。

研究委员

金南寿（毕业于延世大学哲学专业、Goodwill 哲学研究所所长）

金东国（首尔大学美学硕士）

金彩林（首尔大学美学硕士）

李静雅（延世大学英国文学教师）

朴启浩（高丽大学教育学硕士）

夏金红（东国大学物理学硕士）

徐志英（中央大学德国文学博士）

韩正阳（江原大学韩语教育学硕士）

图 | 崔尚奎

曾荣获 LG 东亚国际漫画展、韩国出版美术家协会插画家大奖赛传统童话奖项，现活跃在卡通、漫画、插画等多个领域。

角色设定 | 刘南英

毕业于漫画专业，活跃在角色设计和插画领域，致力于给人们传播快乐、梦想及希望。

图字：01-2022-5699

미니 인문학 시리즈 1-12
Copyright ©2020, Kumsung Publishing Co., Ltd.
All Rights Reserved.
This Simplified Chinese edition was published by The Peoples Oriental Publishing &
Media Co., Ltd. in 2023 by arrangement with Kumsung Publishing Co., Ltd. through
Arui SHIN Agency & Qiantaiyang Cultural Development (Beijing) Co., Ltd..

图书在版编目（CIP）数据

像哲学家一样思考. 第二辑. 尼采 / 韩国 Goodwill 哲学研究所编著；千日译.
— 北京：东方出版社，2023.3
ISBN 978-7-5207-2072-4

Ⅰ.①像… Ⅱ.①韩… ②千… Ⅲ.①尼采 (Nietzsche, Friedrich Wilhelm 1844–
1900) –哲学思想–青少年读物 Ⅳ.① B–49

中国版本图书馆 CIP 数据核字 (2022) 第 221561 号

像哲学家一样思考（第二辑）：尼采
XIANG ZHEXUEJIA YIYANG SIKAO DI ER JI : NICAI
作　　者：［韩］Goodwill 哲学研究所
译　　者：千日

策划编辑：鲁艳芳
责任编辑：黎民子
出　　版：东方出版社
发　　行：人民东方出版传媒有限公司
地　　址：北京市东城区朝阳门内大街 166 号
邮　　编：100010
印　　刷：天津图文方嘉印刷有限公司
版　　次：2023 年 3 月第 1 版
印　　次：2023 年 3 月北京第 1 次印刷
开　　本：880 毫米 ×1230 毫米　1/32
印　　张：3.75
字　　数：36 千字
书　　号：ISBN 978-7-5207-2072-4
定　　价：180.00 元（全 6 册）
发行电话：（010）85924663　85924644　85924641

梦是否有意义

弗洛伊德

［韩］Goodwill 哲学研究所 / 编著

千日 / 译

人民东方出版传媒
People's Oriental Publishing & Media

东方出版社
The Oriental Press

目 录

> 人的意识组成就像一座冰山，露出水面的只是一小部分意识，但隐藏在水下的绝大部分却对其余的部分产生影响。

弗洛伊德开创了"精神分析"这一新的领域。

在弗洛伊德之前，

人们对精神疾病的了解始终停留在装病或

当成不明原因疾病的阶段，

而对于梦，人们则视为"预示未来的神谕"。

弗洛伊德认为，人类的心中潜藏着欲望，

而寻找它的捷径就是梦。

他的理论对包括医学在内的各种学科产生了巨大影响。

那么现在，就让我们进入到震惊世界的弗洛伊德的

哲学故事中一探究竟吧！

探索无意识世界的弗洛伊德

　　由于出生在犹太人家庭，所以弗洛伊德从小受尽歧视。长大后，他成为了一名治疗精神疾病的医生。弗洛伊德努力探索梦和无意识的关系，最终开拓出新的学术领域，那是一门怎样的学问呢？

梦

无意识

本能

神话

01

出生在犹太人家庭

一天当中的很大一部分时间，我们都会在睡梦中度过。当现实中遇到某些不好的事情时，我们经常会说这样的话：

"怪不得昨天梦里乱糟糟的……"

每当说出这种话时，我们是在认为梦中的场景是对未来即将发生的事情的启示。那么，梦真的可以预示未来将会发生的事情吗？

西格蒙德·弗洛伊德（Sigmund Freud）就是一位研究梦境的人。他的作品《梦的解析》，一经出版就震惊了世界。

他发现了"无意识"的世界，开创出崭新领域精神分析学。精神分析学是一门研究和分析无意识世界的学问。因此，人们也尊称弗洛伊德为"精神分析学之父"。

弗洛伊德8岁时与父亲一起拍摄的照片

小时候的弗洛伊德对年轻的妈妈表现出强烈的依赖情绪，而这种经历对日后他开创精神分析理论起到了很大作用。

弗洛伊德出生的家

　　弗洛伊德出生于如今的捷克普日博尔市。

弗洛伊德 1856 年出生于奥匈帝国摩拉维亚省弗赖堡的一个犹太人家庭里。弗赖堡就是现在捷克共和国的普日博尔市。

弗洛伊德的父亲雅各布·弗洛伊德是一位商人，共经历过三次婚姻。第三次是与比他年轻二十岁的阿玛利亚结婚。雅各布·弗洛伊德和阿玛利亚一共生下八个孩子，而弗洛伊德是他们的长子。

弗洛伊德出生时，他的上面还有两个同父异母的哥哥。他的二哥只比他的妈妈小一岁，因此小时候的弗洛伊德不止一次觉得年轻的妈妈跟自己同父异母的哥哥更般配。

后来父亲的生意不景气，他们一家人暂时移居德国莱比锡，并于 1860 年搬到奥匈帝国的首都维也纳。直至日后为了躲避希特勒纳粹的迫害而逃往英国之前，弗洛伊德人生的大部分时间都在维也纳度过。

在当时的欧洲，很长一段时间都蔓延着歧视和敌视犹太人的氛围，历史上称为"反犹太主义"。欧洲的反犹太主义持续了数千年，而究其原因，是受文化和宗教的影响所致。

犹太人原本生活在中东巴勒斯坦一带，随着罗马帝国攻破耶路撒冷，犹太人流落到欧洲各地生活。从罗马时代开始，大部分欧洲人都信仰以耶稣基督为救世主的基督教，但犹太人有属于自己的宗教——犹太教。而不同宗教之间的仇恨，使得犹太人长期受到其他民族的敌视。

英国剧作家莎士比亚在他的《威尼斯商人》中也表现出一些反犹太主义。这部戏剧中冷血无情、贪婪成性的高利贷商人夏洛克，就是一个犹太人。可见，当时欧洲对待犹太人的态度是多么恶劣。

16 岁时的弗洛伊德和他的母亲阿玛利亚

由于一个人独揽妈妈的爱，弗洛伊德从小就娇生惯养。弗洛伊德对妈妈的依恋对他日后提出"恋母情结"等理论提供了很大帮助。

弗洛伊德一家人刚刚定居维也纳时，那里聚集着很多在其他地区遭遇迫害而逃难至此的犹太人。弗洛伊德一家人虽然也是犹太人，但并没有信仰犹太教。不过他们犹太人的身份依旧令他们遭到各种歧视和冷落。因为当时维也纳也掀起了反犹太浪潮，年幼的弗洛伊德在学校受到来自同学们的嘲讽和捉弄。

当时的维也纳虽然是一座历史悠久、风景秀丽的大城市，但其华丽的外表下也隐藏着黑暗的一面。当时，严重的经济困难使得大道上到处都是流浪汉和失业者。弗洛伊德的父亲为了养活一家人拼尽全力，但境况始终不见好转，因为家族成员实在太多了。

年幼的弗洛伊德是众多兄弟姐妹当中最突出的一个。他十分热爱学习，集万千宠爱于一身的他陆续掌握希腊语、拉丁语、德语、希伯来语、法语、英语等多门语言，学习成绩始终名列前茅。

弗洛伊德的父母很希望他能成为一名优秀的律师，好养活家人。因此，他们一家人宁愿挤在狭窄的屋子里，也要给弗洛伊德留一间书房。

不过不同于父母的期待，弗洛伊德本人对生物学的兴趣要远远大于法学。因为当时主张

查尔斯·达尔文
（1809—1882）

英国的生物学家，发表《物种起源》，主张生物的进化论，同时提出物竞天择的思想。

进化论，震惊世界的达尔文对他产生了很大影响。不过相较于研究动物，弗洛伊德真正感兴趣的是研究人的本性和行为。

弗洛伊德的代表作——《梦的解析》

《梦的解析》作为弗洛伊德的代表作，是如今学习心理学精神分析学的学生们必读的书籍之一。在书中，弗洛伊德主张梦是现实中实现不了和受压抑的愿望的满足。

弗洛伊德发现自己一直对父亲抱有愤怒和埋怨的情绪，而且这种情感会以耻辱和无奈等形式表现出来。于是他决定分析自己儿时的记忆和梦，结果发现在无意识中残留的童年记忆，即使到了成年之后也会通过梦表现出来。

他经过自我分析和研究一些精神疾病患者的症状，最终创作出《梦的解析》这部作品。在书中，他介绍了对自己梦境的分析。另外，在分析自己的梦境时，他尽可能将自己视为一个普通的精神分析对象，以保持客观性。

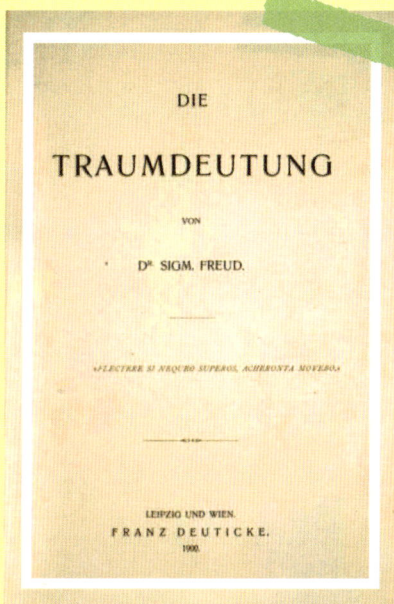

《梦的解析》

　　弗洛伊德于1900年发表的作品。这本书不仅是弗洛伊德的代表作，也是精神分析学的入门作品。

　　这本书出版之后，弗洛伊德对自己的理论拥有极大的信心，从而逐渐完善精神分析学的框架。

02

对人的精神产生兴趣

1873 年，十七岁的弗洛伊德拿着父母好不容易筹到的学费，进入维也纳大学，学习医学。当时，他最感兴趣的学科是研究生物组织的组织学和研究神经体系的神经生理学。

1875 年，趁着学校放假，弗洛伊德来到同父异母的哥哥所在的英国曼彻斯特。当时的英国是世界上最强大、最富裕的国家之一，尤其科学和医学极为先进。通过此次经历，一直在维也纳受到种族歧视的他，突然萌生想要在英国定居的念头。

回到维也纳后，弗洛伊德学习海洋生物神经系统，并有幸获得学习人体神经系统的机会。后来经过八年的学习，他获得了维也纳大学的医学博士学位，正式从学校毕业。

维也纳大学

弗洛伊德曾在这里学习医学。在大学里，他还接触到哲学、政治学、社会学等众多领域。

弗洛伊德原本并没有想当医生，他更希望自己能成为一名研究型学者。

然而研究型学者很难养活家人，加上当时社会对犹太人的歧视，他也不容易在社会上取得太大成就。

1882 年，弗洛伊德与他未来的妻子玛莎订婚，并决定当一名医生。在开设私人医院之前，他曾进入维也纳综合医院当过一段时间的实习医生，并在外科、皮肤科、眼科等部门积累了经验。

在这段时期，欧洲和美国在科学和医学领域发展极为迅猛。在科学方面，美国发明家爱迪生发明了碳化竹丝灯，德国科学家伦琴发现了 X 光线；在医学方面，法国微生物学家巴斯德研发出巴氏消毒法与狂犬病疫苗，德国医生科赫发现了结核杆菌和霍乱弧菌。

看到不断有新的发现问世，弗洛伊德不禁

暗想或许自己也能有惊人发现，并且想要快点与未婚妻完婚，这些念头使得他的研究欲望变得更加迫切。

有一天，弗洛伊德在做研究的过程中，无意间接触到一种从古柯树叶子中提取的药物。这种后来被称为可卡因的药物，是一种会对人体造成极大损害的毒品，但在当时，人们对它的性质一无所知。

弗洛伊德和他的妻子玛莎

他们二人于1886年即订婚后的第四年结婚。这张照片是结婚后不久拍摄的。

弗洛伊德记得自己曾在哪里看到过一篇南美洲人在干完重活之后嚼古柯树叶子能打起精神的文章。弗洛伊德觉得它说不定能够对治疗心脏病或抑郁症有效果，于是便展开对可卡因药性的研究。

　　通过实验，弗洛伊德发现可卡因在消除头痛和舒缓情绪方面的作用。于是，他坚信这种药物有疗效，还称呼它为"魔法物质"，并匆忙发表与此相关的论文。

　　然而急功近利之下进行的可卡因研究最终以失败告终，因为可卡因的成瘾性和危险性已被证实。弗洛伊德大失所望，也意识到自己的行为有多么愚蠢。

　　当时的人们对"精神疾病"尚未有太多了解，就连心理学也处于蹒跚学步的阶段。医学也不例外。对于各种精神障碍，人们并没有太多重视，甚至认为是在装病。

遇到偶尔症状严重的患者，人们也会为了躲开别人的视线，把他们偷偷关在特定的地方，甚至连有这种患者的事情都试图隐瞒。

因此，大部分患有精神障碍的患者都会被关到精神病院。精神病院说是医院，其实与监狱没什么区别，而且里面也没有救治患者的医生。

1885 年，弗洛伊德获得奖学金，到法国巴黎进修。在那里，他有幸遇到当时世界上最优秀的神经病理学家让－马丁·沙可。

当时沙可正在研究一位女性的歇斯底里症（癔症）。当时几乎所有的医生都对

让－马丁·沙可
（1825—1893）

法国的神经病理学家。他的歇斯底里研究方法给弗洛伊德带来极大的启发。

21

治疗歇斯底里患者的沙可

沙可利用催眠术治疗患者的场景。

歇斯底里症束手无策。因为歇斯底里症会引发脸部或腿部等某个身体部位的麻痹和痉挛，但人们始终找不出确切的病因。

歇斯底里症大部分会出现在女性身上，因此当时人们认为这是一种只有女性才会患上的疾病。但沙可发现有些男性也有可能患上歇斯底里症，而且歇斯底里症患者往往会伴有抑郁、神经过敏、失眠等症状。

弗洛伊德发现，这些研究在医学中属于一片未经开垦的领域，便对其产生浓烈的兴趣。于是在沙可的指导下，弗洛伊德一头扎进对歇斯底里症的研究中。

沙可的研究方法给弗洛伊德带来了很大感触，他在给自己的未婚妻玛莎的信中写道：

沙可是世上最伟大的医生，是有惊人分析能力的天才。他的理论把我之前的见解和计划连根拔起。在听完他讲的课后，我就像从巴黎圣母院走出来时一样，对完美的概念有了崭新的认识。

03

研究歇斯底里症

　　沙可向弗洛伊德传授了他治疗歇斯底里症的方法——催眠术^①。沙可在利用催眠术治疗的过程中发现了一个十分有趣的地方。那就是当患者被催眠术催眠时，会按照施展催眠术的指示出现身体上的麻痹，甚至做出平时绝不会做出的一些行为。

---

① 催眠术：利用心理暗示，让对方进入类似于睡梦的状态。

当时人们对精神世界了解不多，所以催眠术也成为治疗歇斯底里症的一种尝试。

在巴黎进修半年之后，弗洛伊德再次返回到维也纳，然后辞去综合医院的工作，开设了一家私人诊所。

刚开业的时候，不少患者闻风而至，其中大部分都是受头痛、疲劳、失眠折磨的女性。

位于奥地利维也纳的弗洛伊德博物馆

弗洛伊德居住了约40年的家和私人诊所，后来成为弗洛伊德博物馆。《梦的解析》就是在这里完成的。

在治疗这些患者的过程中，弗洛伊德发现了一件很重要的事情。那就是每个人的内心深处都藏着一些隐秘的记忆。歇斯底里症患者大多都在被这些过去的记忆折磨。

1886年，如愿以偿地娶到玛莎的弗洛伊德继续开展对歇斯底里症的研究。受到沙可的影响，弗洛伊德在治疗歇斯底里症时依然采用催眠术，但也没放弃对其他治疗方法的研究。因为很多患者都不受催眠术的影响，而且哪怕被催眠之后也不是所有患者都能被治愈。

弗洛伊德借鉴其他医生的经验，对患者进行按摩、电击、泡浴等各种尝试，但都没有见到太大的成效。后来他开始尝试用跟患者沟通的方法，他觉得患者和医生心平气和地聊天，或许有助于缓解精神病患者的症状。

弗洛伊德一点点改变聊天方式。他让患者平躺在沙发上，用手按压患者的额头，使对方能够集中精神，然后让患者描述一些脑海中浮现的场景。

最初的时候，患者只是胡言乱语，但渐渐地，患者说出来的话开始刺激到自己的记忆。这种方法后来叫作"自由联想法"，也是如今检查和分析精神病患者心理状态的常用手法之一。

当患者讲述自己的人生时，弗洛伊德就会耐心倾听，然后从中找出一些有用的线索。在这样的治疗过程中，弗洛伊德发现，有些患者会慢慢向他倾诉原本不打算说的心里话，或一些早已被忘却的旧事。弗洛伊德认为让患者把这些内心的记忆倾诉出来是能起到治疗效果的。

弗洛伊德一边继续尝试新的治疗方法，一边总结治疗患者的案例，编著出《歇斯底里症研究》。于1895年出版的这本书，主要概述了弗洛伊德的一些关于歇斯底里症的发现。在书中，弗洛伊德做出以下结论：

患者在过去的某一瞬间遭遇的痛苦和不愉快的经历，会给患者的精神带来创伤，而这种记忆会保存在本人都察觉不到的意识状态——"无意识"中。

假如这种不愉快的记忆没有得到"宣泄"就会不断累积下来，而这种平时被压抑的情绪在受到某种刺激时，就会以痉挛、麻痹等身体症状出现，这就是歇斯底里症。不过当这些被压抑的情绪和情感宣泄出来后，那些症状又会消失。

最终，弗洛伊德认为，要想治疗歇斯底里症，就要想办法唤醒给患者带去精神创伤的记忆。

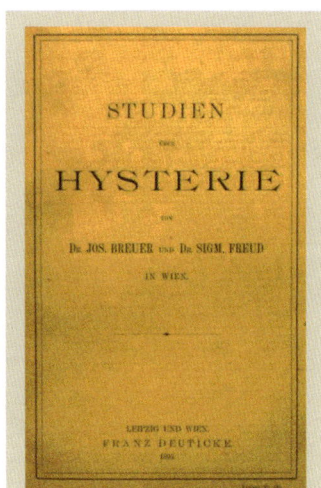

《歇斯底里症研究》

弗洛伊德与自己的同事布洛伊尔共同编著的作品。

他在《歇斯底里症研究》中表明，被压抑的记忆与童年的经历有很大的关系。书中，他举了一个名叫"卡特琳娜"的年轻女性的例子。这名患者的表现症状为突发性呼吸困难和脑海中浮现可怕的面孔。

为了寻找病因，弗洛伊德采用自由联想法聆听患者的倾述，结果发现对方在年幼的时候曾受到叔叔的伤害。通过这件案例，弗洛伊德认为儿时被侵犯的经历也有可能成为歇斯底里症的病因。

04

研究梦

在《歇斯底里症研究》中，弗洛伊德表示儿时不愉快的经历有可能成为歇斯底里症的病因。

每次发现新的病例，他都会修正自己的理论，后来他把自己的分析方法称为"精神分析"。

1896 年，弗洛伊德的父亲雅各布·弗洛伊德去世。在那段期间，弗洛伊德发现自己身上也出现了不明原因的症状。他发现自己每次前往离家很远的地方或其他城市，心中就会出现莫名的恐惧。

弗洛伊德猜测自己小时候或许也有过某种不好的经历。于是为了分析病因，他躺在沙发上，像其他患者一样开始使用自由联想法。

虽然无法得知他当时想起何种回忆，但那件事情过后，弗洛伊德便主张无意识和梦之间存在很大的关联。他认为了解无意识世界的线索，就隐藏在我们的梦中。

在分析自己和研究梦的过程中，弗洛伊德发现自己的心情经常变得忧郁起来。最终，他在自己内心深处的"阴暗角落"里，翻出潜藏的受压抑的记忆和欲望，那就是小时候对爸爸的憎恶和对妈妈的依恋。弗洛伊德称这种情绪为"恋母情结"。

1900 年，弗洛伊德终于发表他的代表作

《梦的解析》。这本分析无意识和梦的关系的作品虽然在当时受到大量批评，但如今已被评为20世纪最伟大的著作之一。

以下我将讨论有关应用心理技巧来解析梦的可能性，并由此显示所有梦均充满特别意义，而与梦者白天的精神活动有所联系。

——摘自《梦的解析》

在这部书问世之前，人们几乎没有对梦进行过有深度的研究。在古埃及和古希腊，梦甚至被视为对未来的预示或神的启示。不知从何时起，梦预示着未来的传言在民间普及。

每个人睡觉时都会做梦，而且主要都是在晚上睡觉时做梦。但并非做梦就能记得住梦境

1905 年的弗洛伊德

因犹太人的身份一直受到歧视的弗洛伊德，大约从这个时候起声名鹊起。

的内容。很多梦早上醒来就完全想不起来；而有些梦就算起床后能想起来，过几个小时也会忘得一干二净。

梦也分种类。有时，我们在睡觉时受到刺激就会反映到梦中。例如，睡觉时听到闹钟的声音，我们在梦境中也会听到类似的声音；做梦时，窗外传来下雨的声音，我们在梦境中就会遇到类似淋雨的场景。就像这样，我们在睡梦中受到刺激时，这种刺激有时候就会如实地反映到梦境中。

还有一种情况是过去的经历，或者现实中遇到的事情以象征的形式出现在梦中。例如，在梦中经历自己一直盼望的事情。

弗洛伊德举了一个案例，一位为了照顾得了传染病的孩子而与社会脱轨的大婶。有一天，那位大婶做了个梦，梦见自己与一些著名的作家谈天说地，大婶平时所盼望的事情，通过梦境实现了。

　　不过弗洛伊德认为，大部分情况下我们的梦都会以象征的形式出现，而不是像那位大婶一样直接实现盼望的事情。即过去的经历或现实中某些场景会以象征的方式出现在梦中，但由于是象征的关系，所以做梦的人本身也不见得能分辨出这些梦境究竟象征着什么。

那么，梦究竟能告诉我们什么呢？弗洛伊德主张梦会体现出人类的精神、无意识及心理。其中，无意识是潜藏在人类内心深处的、自己也意识不到的精神的一部分。

弗洛伊德研究的正是这些关于无意识的领域，可以说他是第一个系统阐述人类无意识概念的人。

弗洛伊德的精神分析学起初遭到大量批判，但很快又受到人们的追捧。1902 年，成为维也纳大学教授的弗洛伊德与其他做心理分析的医生开展交流，渐渐积攒起名望。

弗洛伊德每周三都会举办定期的精神分析小组，其中有不少都是来自国外的年轻学者，如瑞士的医生荣格等。

原本是精神科医生的荣格在接触到《梦的解析》之后，对弗洛伊德的理论产生了浓厚兴趣。在治疗患者的过程中，他发现弗洛伊德的

1904 年的荣格

瑞士的精神科医生。荣格虽然受到弗洛伊德精神分析学的影响，但由于与弗洛伊德理念不合，最终分道扬镳，创立自己的人格分析理论。

自由联想法，跟自己创立的治疗方法形成很好的互补，于是就给弗洛伊德发去自己的论文。

以这件事情为契机，他们二人经常通过书信进行交流。直到 1907 年，他们才首次见面，但此时他们已经通过书信建立起深厚的友情，而且彼此都十分尊重对方。

在遇到荣格之后，弗洛伊德就断定精神分析学的未来在荣格身上。他们之间早已超越老师和徒弟的关系，如同父亲和儿子一样亲密无间。弗洛伊德对荣格有着超乎想象的信任和期待，而荣格虽然不完全赞同弗洛伊德的理论，但也始终坚定不移地追随他。

弗洛伊德的精神分析学逐渐在国外也享有盛名。不过追随他的学者当中也有人提出反对的声音，随着对精神分析学研究的渐渐深入，他们开始指出弗洛伊德理论中的错误观点或直接提出不同的意见。由于这种理念的不合，弗洛伊德最终于1913与拥有七年深厚友情的荣格分道扬镳。

之后，弗洛伊德不断打磨并阐述自己的理论，1921年发表了《群体心理学与自我分析》，1923年发表了《自我和本我》。

第一次世界大战结束后，弗洛伊德的名声已经响彻世界。此时，精神分析学经常成为艺术作品的主题，而恋母情结和自我等概念也在社会上广为流传。

1938 年，纳粹德国率领军队攻入奥地利，不久后吞并了奥地利，而占领维也纳的纳粹开始迫害当地的犹太人。弗洛伊德不得不离开维也纳，前往英国伦敦，于次年 1939 年在伦敦去世。

知识要点

- 出生于犹太人家庭的弗洛伊德成为一名医生，开始研究人类的精神世界。
- 弗洛伊德认为歇斯底里症就是隐藏在无意识中受压抑不好的记忆，以各种身体症状的形式表现出来的疾病。
- 弗洛伊德撰写的《梦的解析》是一本分析无意识和梦之间关系的作品。虽然它起初受到大量的批判，但如今已被评为二十世纪最伟大的作品之一。

意识和无意识的秘密

　　人类的精神中存在着我们意识不到的领域，弗洛伊德把它称为无意识。

　　他认为，隐藏在无意识中的记忆会通过梦境显露出来。那么无意识之中的究竟是什么样的记忆呢？

梦

无意识

本能 INSTINCT

神话

01

什么是无意识

　　想要知道弗洛伊德对于梦做过何种研究，我们首先要了解什么是无意识。

　　对于无意识，弗洛伊德是这么解释的："人类的精神中并非只有明了、清晰的理性，还有连自己都认识不到的未知领域。这就是无意识。"

　　之前我们说过无意识是一种"连自己都没

法察觉到的意识状态"。生活中，我们经常会说"无意识地做出某种行为"。自己并没有有意去做，但身体自觉地去做了某件事情，遇到这种情况，我们就会说无意识地做了某件事情。另外，我们有时明明知道某件事情，但并没能有意识地想起这件事情。这种时候，我们也会用"无意识"来表达。

很多时候，我们明明做了梦，但自己也不知道这个梦境的含义。弗洛伊德表示梦是典型的无意识状态，简而言之，梦是"无意识的表现"。

弗洛伊德的作品《梦的解析》中讲到：

某一天，弗洛伊德跟他的患者聊起了关于梦境的事情。患者告诉他，自己在梦中来到一家餐馆，并在那里点了一份"康图佐卡"。患者对自己在梦中说出来的话感到十分惊讶，因为这个词很陌生，是他生平第一次听到的词。

醒来后，患者对于自己在梦中所说的词感到很好奇，于是就找到弗洛伊德进行咨询。

弗洛伊德告诉他，这是波兰人爱喝的一种伏特加。因为弗洛伊德曾在广告牌上见过关于它的广告，所以对它的名字很清楚。

不过患者本人却表示自己从未见过这样的广告，而且对酒的名字也是闻所未闻。既然如

此，那患者为何会在梦境中说出如此复杂、难记的酒名呢？事实上，很有可能是患者在自己意识不到的时候，也就是在无意识间记住了这个名字。

弗洛伊德跟着患者一起来到对方经常路过的小巷。果不其然，那里贴着关于"康图佐卡"的伏特加广告。

正如弗洛伊德预料的那样，患者虽然见过广告牌，但并没有太过注意，所以意识中认为自己没有见过这种酒的名字。但是患者的无意识却记住了它，因此患者才能在梦中准确地说出如此生僻的酒名来。

我们每个人的记忆中都存在一种不知道什么时候见过，却永远印在脑海中的记忆。这些记忆平时会被锁在无意识中，但当我们受到某种刺激时会重新浮现在意识中。这便是弗洛伊德的无意识理论。

02

沉入意识之下的记忆

　　无意识是否就是指单纯地想不起来、被遗忘的记忆呢？按照弗洛伊德的说法，无意识是一种沉入意识之下的记忆，它只是不被人记起，而并不会消失。

　　在观看电影或电视剧的时候，我们经常能看到利用催眠术寻找线索或锁定犯人的情节。简单来说就是对目击证人或受害人进行催眠，使得他们能够想起犯人的模样或犯罪工具等线索。简单来说就是利用催眠术，把下沉到人无意识中的记忆重新唤醒。

那么无意识都有什么功能呢？我们偶尔能够见到经历冲击性事件的人患上失忆症的情况。就像这样，下沉到无意识中的记忆很多都是人们不愿意记起的事情，因此精神会通过无意识这道门槛，阻挡那些不好的记忆。

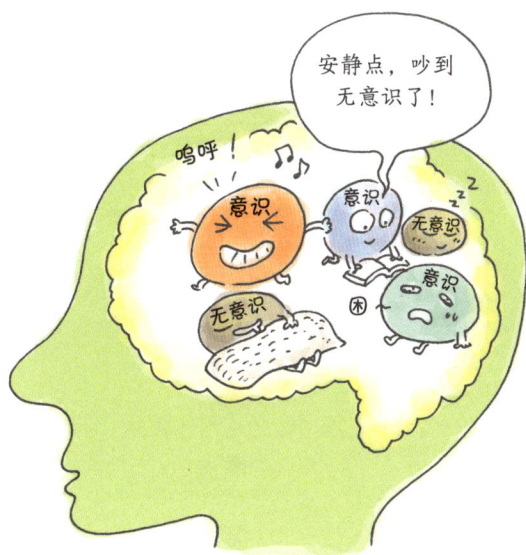

人的精力终归有限，因此我们不可能意识到所有自己看到、听到、经历到的事情。而我们没有意识到的事情会自动下沉到无意识的领域中。人在一生中会经历很多事情，所以出现这种事情并不奇怪。另外，我们不愿意记忆的事情也会下沉到无意识中。但可以肯定，即使是隐藏在无意识领域中的记忆，同样属于我们大脑记忆的一部分。

　　无意识中很多我们不愿意意识到的记忆，它们并非无法闯入意识中，偶尔也会有一些无意识中的记忆重新闯入意识领域。

　　但更多的时候意识领域不会接受这些记忆。因为出于不想记忆或不想意识到的关系，我们的精神会本能地排斥这些记忆。

　　如此一来，这些记忆会转换成其他的形态出现在我们的脑中。弗洛伊德认为，在梦境中出现的那些象征就属于这种转换形态的一种。

前面提到的曾见过复杂酒名的患者，便属于隐藏在无意识中的经历直接浮现到意识中的情况，那位患者一直将"康图佐卡"储存在无意识中。不过与其说他不想记住这个酒名，倒不如说觉得没必要记住它。

在很多梦境中，无意识的记忆会转换形态显露出来。例如，它们会以象征的形式出现或干脆转换成其他的事物，也就是说它们会把意识不允许的记忆转换成允许的记忆显露出来。

下面的故事是弗洛伊德曾经治疗过的女性患者的事例。那名患者有一个姐姐，姐姐有一个儿子。患者很爱自己的姐姐，对自己的外甥也疼爱有加。

但是有一段时间，这位患者经常会做同一个梦。梦中她的外甥死了，躺在棺材里。虽然她知道这只是一个梦，但患者感到十分不舒服和不安。因为她不知道自己为何会做这样的梦。

通过对梦的分析，弗洛伊德找出了这位患者会做这种梦的缘由。这位患者曾经暗恋过一名男子。后来在另一个侄子的葬礼上，她见到了这名男子。从那以后，这位患者经常思念这名男子，但一直没有机会相遇。

因此，这位患者在无意识中潜藏着，若是再有人举行葬礼，自己就有可能再见到那名男子的想法，而这种想法就通过梦境显露了出来。按照弗洛伊德的判断，这个梦是患者对那名男子的思念通过葬礼这一象征显露了出来。

03

隐藏在无意识中的禁欲

　　在弗洛伊德的理论中，精神世界是由一些原始的东西构成的，他一直力图证明隐藏在人类内心最深处的本能。

　　弗洛伊德认为所有人的无意识中都藏有一些禁忌，这里所说的无意识中的禁忌是指什么呢？

　　通常来说，不被社会所认可的人类本能就

属于这一类。

我们假设，一个原本独享父母疼爱的女孩突然有了一个弟弟。弟弟出生后，姐姐会本能地意识到弟弟和自己是一种竞争关系，因为弟弟会分走来自父母的爱。

但若是等他们长大之后，这种竞争关系也没有消失，结果会如何呢？看到父母只疼爱弟弟、称赞弟弟的场景，姐姐的心情就会变得很糟糕，甚至会产生想要赶走弟弟的冲动。

不过她并不能真的赶走弟弟。因为这是社会所不允许的。在成长过程中，人们不可避免地受到来自社会的习俗、法律、规律等方面的影响。赶走弟弟或掠夺别人财产等欲望是一种不被社会认可的禁忌欲望。

可若是心中总是生出这种禁忌欲望，人会如何呢？按照弗洛伊德的观点，当这些不被社会认可、连自己也无法接受的想法不断浮现时，

精神会将它们送往无意识的领域。

如此一来，我们虽然无意识中想过，但结果会成为没有想过的东西。换言之，它会转换成一种我们完全记不起来或从未想过的状态。

弗洛伊德认为，平时这些禁忌的欲望会被锁在无意识中，但不时地会通过梦境出现在我们的眼前。就像那位女性患者对暗恋对象的欲望通过梦境，以葬礼的方式显露出来一样，很多荒诞不羁、不被社会所认可或自己也无法接受的欲望都有可能通过梦境，以象征的形式显露出来。

知识要点

- 无意识是连自己都意识不到的精神状态。由于我们无法意识到所有看到、听到、经历的事情，所以一些意识不到的东西会下沉到无意识的领域中。
- 弗洛伊德表示除了不想记忆的事情之外，无意识中还隐藏着一些被社会所禁止的欲望。这些记忆或欲望荒诞不羁、不被社会所认可，所以有时会在梦中以象征的形式出现在我们面前。

社会性的和本能的

弗洛伊德认为，当人类拥有的本能欲望受到来自社会的压抑时，会自动下沉到无意识中。

为了解释这种现象，弗洛伊德都使用过哪些概念？这些概念之间都有什么关联？

梦

无意识

本能

神话

自我、本我、超我

　　弗洛伊德认为群居生活的社会在压抑人类的原始本能。

　　例如，人们不能随地大小便；在人多的地方做一些与性有关的行为或谈论一些与性有关的话题等，会被视为是羞耻的行为；暴力的举动也是如此。

　　假如一对夫妇流落到无人岛上，那他们即

使随心所欲地大小便也不会觉得有什么不妥。正因如此，弗洛伊德认为是社会在压抑人的本能。

在社会中，许多人生活在一起，所以我们始终会留意自己的行为是否合理，自己的行为是否会给别人带来危害，或让对方感到不舒服等。

换言之，我们会考虑自己的行为是否符合道德、是否违背法律、是否符合礼仪等问题，因此我们并不能毫无顾忌地做自己想做的事情。弗洛伊德表示，组成社会的人类的无意识中，会形成社会性和本能之间的对立。

按照弗洛伊德的说法，这种对立会表现为三个领域的矛盾。第一个是想要遵守社会性的领域；第二个是想要遵循本能领域；第三个是社会性和本能在经历斗争并相互协调的领域。

弗洛伊德将想要遵守社会性的领域称为"超我（superego）"。这个领域考虑社会的道德、利益及法律等价值。

对于想要遵循本能的领域，他将其命名为"本我（id）"。本我是想要按照本能行事的想法所在的领域。

最后一个领域是自我（ego）。这个领域是对第一个领域和第二个领域的斗争进行协调，然后付诸行动的领域。

假设我们在乘坐公交车的途中突然想上厕所。按照弗洛伊德的观点，本我会让我们像动物一样随地大小便，但超我会劝告我们绝对不可以这么做，如此一来，本我和超我之间就会发生矛盾。这时，自我会仲裁它们的矛盾，对它们进行协调。

因此，自我是一种十分现实的领域。自我很可能会提醒我们："在公交车上要忍一忍，等到了下一站再找一找卫生间。"假如自我的提议很合理，我们就会按照它的建议去行事。

由此可见，我们的思想并非是直接浮现在脑海中的，而是类似于超我和本我对立后达成的和解。正因如此，弗洛伊德才会指出我们的本能和社会性会形成对立。

弗洛伊德思想的惊人之处在于他认为无意

识中存在本我。本能欲望即使不刻意去意识，人也会受到它的影响。因此，弗洛伊德认为无意识动机会给人的行为带来影响，即他强调了本能对人的重要性。

弗洛伊德之前的思想家们认为左右人行为的只有理性，按照弗洛伊德的架构就等于没有本我，只有自我。不过弗洛伊德彻底颠覆了这样的观点。

从很久以前开始，人们就主张人类是万物的灵长，因此认为人类有着不同于动物的特殊地位。在当时，拿动物与人相提并论是一件十分危险的思想。

更何况西方社会长期受基督教影响，而《圣经》中表示人类是上帝根据自己的形象创造出来的，因此拥有支配其他动物的权利。正因如此，当弗洛伊德等学者们表示人类也会像动物一样受本能的影响时，人们感到了前所未有的冲击。

神话和梦有什么关联

　　大家也许对弗洛伊德或精神分析学一词感到很陌生，但肯定有听说过"俄狄浦斯情结"这个词。

　　弗洛伊德以古希腊神话故事中的人物名字来给自己的这一理论命名，那么他为何会对这一则古希腊神话产生兴趣呢？

梦

无意识

本能

神话

01

俄狄浦斯的故事

　　俄狄浦斯是古希腊神话中的一位国王的名字。在这一则著名的神话故事中，他是忒拜的国王拉伊俄斯和王后约卡斯塔的儿子。

　　在俄狄浦斯出生之前，国王拉伊俄斯在神殿中收到了可怕的神谕。神谕表示将来他的儿子会杀死他，然后与自己的母亲结婚。

　　由于害怕神谕成真，拉伊俄斯打算杀掉自

己刚出生的儿子。不过王后约卡斯塔求他不要杀死儿子，而是扔到荒山上。拉伊俄斯只好用钉子钉穿儿子的脚，再将他扔到荒山中。

接到拉伊俄斯命令的牧羊人带着婴儿来到山中。牧羊人看着眼前对自己咯咯直笑的婴儿，他实在不忍心将其遗弃在山中。因为扔在山里，婴儿很快就会饿死或成为野兽的食物。

最终，牧羊人带着婴儿来到一个名叫科任托斯的国家，并找到那个国家的国王。科任托斯的国王名叫波里波斯，他和王后一直都没有孩子。波里波斯看到牧羊人带来的孩子欣喜异常，决定认养这个婴儿，然后给他起名为俄狄浦斯。

俄狄浦斯的含义是"肿胀的脚"。由于婴儿的脚被钉子钉伤，当时肿得很严重，于是波里波斯就给他起了这样的名字。

就这样，俄狄浦斯被留在科任托斯，并

渐渐成长为一名英俊的青年。直到有一天，俄狄浦斯到神殿聆听神谕。神谕的内容还是那句"日后杀死父亲，与母亲结婚"。当时的俄狄浦斯还不知道自己并不是科任托斯国王的亲儿子，受到打击的俄狄浦斯伤心欲绝，决定离开科任托斯，并发誓再也不会回来。

后来，到处流浪的俄狄浦斯在一条山中小道上遇到一辆马车。由于狭窄的道路只能容纳一个人通过，所以他们不可避免地发生了争执并很快演变为争斗。对方虽然人多势众，但俄狄浦斯凭着年轻力壮很快打倒众人，并杀死了乘坐在马车上的人。

　　然而，那辆马车上乘坐的正是忒拜国王——俄狄浦斯的亲生父亲拉伊俄斯。尽管俄狄浦斯没有见过自己的父亲，但神谕预言依旧应验了，他杀掉了自己的生父。

　　俄狄浦斯继续旅行，最终抵达了忒拜。当时，忒拜出现了一头狮身人面的女妖——斯芬克斯闹得人心惶惶。

　　斯芬克斯守着路口，每当有人经过她就会跟这个人讲谜语，如果对方回答不出来，斯芬克斯就会一口将其吞掉。不过一直以来无人能够道出谜语的答案，所以但凡遇到斯芬克斯的

斯芬克斯和俄狄浦斯

古希腊神话中的斯芬克斯是狮身人面的女妖。斯芬克斯会守在路口，向路过的人出谜语，如果回答不出来就会把对方一口吞掉。

人都被她给吃掉了。

忍无可忍的忒拜人约定，谁能击败斯芬克斯谁就是新的忒拜国王，甚至还可以迎娶美丽的王后。

得知此事的俄狄浦斯决定去会一会斯芬克

斯。斯芬克斯见到他后问出了那道经典的谜语：

"早上用四只脚走路，中午用两只脚走路，晚上用三只脚走路的动物是什么？"

俄狄浦斯不假思索地回答说："人。"羞愧难当的斯芬克斯一头撞在岩石上自尽了。

就这样，俄狄浦斯解开了斯芬克斯的谜语，拯救了忒拜城的人民。最后按照约定，俄狄浦斯不仅成为忒拜的国王，还迎娶王后为自己的妻子。

后来俄狄浦斯知道了自己的亲生父亲和亲生母亲究竟是谁，在得知自己真的如神谕所说那样杀父娶母之后，俄狄浦斯顿时感到无地自容。悲愤之余，俄狄浦斯刺瞎了自己的双眼，离开国家，踏上了流浪之路。

弗洛伊德所说的"俄狄浦斯情结"正是源于俄狄浦斯的神话故事。

02

对神话产生兴趣的原因

　　弗洛伊德曾非常认真地学习过民俗故事和神话故事。为了能够让更多人认可自己的理论，弗洛伊德想到了把人类的心理与神话结合起来的办法。

　　无论是富人还是穷人，无论是学识渊博的人还是目不识丁的人，大家都能轻易接触到的便是神话故事。至于民俗故事则包含着所属社会的人共同信仰的东西。因此，弗洛伊德认为神话故事或民俗故事能反映出人们的普遍心理。

对此，他在《梦的解析》中阐述道：

> 象征并非是梦所特有。它通常深深地扎根在一个民族的语言中。因此，相较于梦，它更常见于一个民族的民俗故事、神话、传说故事、文学典故、格言及人们平常的玩笑中。
>
> ——摘自《梦的解析》

这段话的意思是象征虽然也会出现在梦中，但更常见于传说或神话故事中。传说和神话故事是人们口口相传的，所以其中社会允许和不允许的内容泾渭分明，自然也会用到更多的象征或扭曲。

弗洛伊德在研究时发现的"爱慕母亲、敌视父亲的心理"与俄狄浦斯神话不谋而合，因此他认为自己的理论具有一定普适性。

就如儿子爱慕作为异性的母亲、嫉妒同性的父亲一样，弗洛伊德认为所有人的心中都有爱慕家人的欲望。但是人们往往对包含这些内容的文学和艺术作品抱有抗拒心理，因为这些不被社会所允许。

我们之前说过在人类的精神世界中，超我和本我会形成对立。按照弗洛伊德的观点，本我是人类的本能，所以存在很多受社会压抑的欲望。如此一来，那些不被社会认可的欲望同样会在人的精神中受到压抑，最终沉入无意识的领域中。

神话中对家人的爱慕也属于本能的部分，因此自然也会隐藏在无意识中。如此一来，人们连自己是否拥有这种欲望都不清楚。

　　这种隐藏在无意识中的欲望会不断想要浮现在意识中。但由于受到压抑，它们无法直接出现，只能通过扭曲或象征的形式展现出来。因此弗洛伊德认为，神话中人们压抑的欲望同样不会直接显露出来，而是会通过扭曲或象征的形式出现。

　　如果说神话故事中人们被压抑的欲望会以扭曲和象征的形式表现出来，那么这些欲望在

位于维也纳的弗洛伊德博物馆内部

人们复原了弗洛伊德诊所里患者们曾经躺过的沙发。

梦中又是以什么形式出现的呢？弗洛伊德认为梦与神话是一样的，即在梦中，它们同样会以扭曲和象征的形式出现。另外，他表示人们没有想过却出现在梦中或自己没有想过却在梦中做出来的行为，都是被压抑的欲望显露出来的表现。

弗洛伊德认为，隐藏的欲望出现在梦中的

原因是人们的良知疏忽大意导致的。在人的大脑清醒的时候，良知会运作起来，试图战胜欲望，但到了梦中良知则无法做到这一点。另外，梦中能轻易实现现实中没能达成的心愿，而实现愿望也是梦的众多功能之一。

知识要点

- 神话、民俗故事、传说等不仅具有那个社会人们的共同认知与价值观，还以象征和扭曲的形式表达出人类受到社会压抑的欲望。于是弗洛伊德用神话和民俗故事来阐述自己的理论。
- 有时，梦中会出现扭曲和象征的内容，但有时，则会直接反映出自己的欲望。弗洛伊德表示人的梦拥有实现愿望的功能。

通过**弗洛伊德的**故事**学习哲学**

人们称我为"精神分析学之父"。

弗洛伊德被人们视为二十世纪最有影响力的思想家之一。他开创出系统研究人类精神作用及一系列精神现象的学问，对精神科学乃至整个人文学的发展，起到了巨大的推动作用。他用完全不同的视角阐述了人类的心理和内心世界。

我们时常对他人的行为感到好奇。因为他们的行为中存在很多让人无法理解和不够理性的行为。弗洛伊德力图解释这些行为，结果发现一种叫作"无意识"的新领域，以及无意识能对人类的行为产生影响的事实。

假如没有弗洛伊德，我们现在可能对"儿时的经历对人格发展造成的影响"这类事一无所知。另外，当一个人正经历精神上、心理上的痛苦时，我们也能在他的无意识中找出答案。只要找出造成痛苦的原因，患者说不定就能很快摆脱这种状态。因此，弗洛伊德的理论才会一直被人们所重视。

弗洛伊德去世后，科学有了飞速的发展。人们不仅对精神展开科学的研究，还有了很多新的发现。

不过如今的精神科医生当中几乎没有人像弗洛伊德那样通过分析梦境来治疗患者。随着越来越多治疗精神疾病的药物被研发出来，大部分患者都会通过药物来接受治疗。还有一个原因是人们在弗洛伊德的理论中发现很多错误的观念。

但即便如此，我们也不会完全否定他的理论。人们都认可他以科学和系统的方

SIGMUND
FREUD

▲弗洛伊德的半身像

式整理无意识理论的功绩，而且但凡学习无意识的人都会将他撰写的《梦的解析》视为必读的入门书籍。正如弗洛伊德主张的那样，无意识会对人类的精神世界产生巨大的影响，这一说法始终受到人们广泛的认同。

弗洛伊德留下的影响力绝不止于此。他所创立的理论经常被用来解析文学、影视、绘画等作品。

正如我们之前所说，无意识出现在意识中时不会直接显示出来，而是以歪曲或象征的形式显露出来。正因如此，在经常使用象征、扭曲、比喻等手法的艺术领域中解析作品内容时，会对其中包含的无意识进行分析。

随着弗洛伊德的思想广泛流传，艺术界甚至还出现了被称为"超现实主义"的新领域。超现实主义是受到弗洛伊德精神分析学影响，表达无意识世界或梦中世界的二十世纪典型的

萨尔瓦多·达利

（1904—1989）

超现实主义的代表画家。达利深受弗洛伊德的影响，曾公开表示："我最尊敬两个人。一个是爱因斯坦，另一个是弗洛伊德。"

艺术运动之一。

追求超现实主义的文学或绘画通常会展现无意识的世界或梦中世界。摆脱理性束缚的自由感性和本能等都是这些作品的特点。总之，弗洛伊德的理论对很多领域产生了深远的影响。

不过弗洛伊德的理论也曾遭到人们的猛烈批评。理由有几种：如太过强调性，太过依赖错误、有限的资料和个人经验等。

但不论如何，通过了解弗洛伊德的思想，我们总有一天能找到理解人类行为和心理的新方法。另外，了解弗洛伊德的思想对于鉴赏电影、文学作品及绘画等文艺作品也有很大帮助。我们可以通过弗洛伊德的思想，更加深入地了解这个世界。

历史中的弗洛伊德

	西方	弗洛伊德	东方
1851年	法国总统路易·拿破仑实施政变。		中国的洪秀全发动太平天国运动。
1853年	俄罗斯与土耳其、英国、法国、撒丁王国联军展开克里米亚战争。	出生于奥匈帝国的摩拉维亚省（如今的捷克）弗赖堡。	
1856年			
1859年	英国生物学家达尔文出版《物种起源》。		
1860年		4岁时定居奥地利维也纳。	英法联军火烧圆明园。
1861年	美国爆发南北战争。		
1863年	美国林肯总统颁布《解放黑人奴隶宣言》。		
1868年			
1869年	埃及苏伊士运河开通，连接红海和地中海。		
1873年		17岁时进入维也纳大学学习医学专业。	
1881年		25岁时获得医学博士学位。	
1884年			法国侵略中国和越南爆发中法战争。
1885年	▲苏伊士运河	29岁时在巴黎接受沙可的指导。	

西方	弗洛伊德	东方
	36 岁时开设私人诊所，并接待精神疾病患者。	
		朝鲜实施一系列改革，史称"甲午更张"。
▲举办第一届奥林匹克运动会的竞技场。	39 岁时发表《歇斯底里症研究》。	
希腊举办第一届现代奥林匹克运动会。		
	44 岁时发表《梦的解析》。	中国爆发义和团运动。
美国莱特兄弟首次试飞飞机成功。		
▲莱特兄弟首次试飞飞机的场景。	48 岁时开始与荣格有书信来往。	
	49 岁时发表《性学三论》。	中国第一条铁路京张铁路开工。
		日本吞并朝鲜半岛。
第一次世界大战爆发。		
		日本侵略中国领土，抗日战争爆发。
第二次世界大战爆发。	83 岁时与癌症作抗争，最终在伦敦逝世。	

1886年
1894年
1895年
1896年
1900年
1903年
1904年
1905年
1910年
1914年
1931年
1939年

弗洛伊德平生因犹太人的身份而受到歧视。这种歧视人种或外貌的行为不好在哪里？

请写一写你的想法。

想一想自己最近做过的梦，再结合"无意识"的概念，解释一下自己做这样的梦可能是因为什么呢？

请写一写你的想法。

对梦的解析是通往无意识的捷径。

抄写一遍这句名言，思考一下它的含义。

当你用语言攻击惹你生气的人而不是朝他扔石头时，便意味着文明的开始。

抄写一遍这句名言，思考一下它的含义。

> 　　爱和工作是人生中最重要的两件事。

抄写一遍这句名言，思考一下它的含义。

文 | Goodwill 哲学研究所

　　Goodwill 哲学研究所创立于 2006 年 10 月。创立人员主要以哲学教育和研究经验丰富的教师为主。他们的宗旨是为小学、初高中生及一些哲学论述教育家们，提供关于创意性思考能力的优质教育内容。Goodwill 哲学研究所以专业的学问为基础，横跨人文和自然领域，致力于传播当今哲学和论述教育所需的整体性、综合性的知识。

　　※ Goodwill 意为善意，相信人性本善，所以在为每个人都能活出个人样而努力。

研究委员

　　金南寿（毕业于延世大学哲学专业、Goodwill 哲学研究所所长）

　　金东国（首尔大学美学硕士）

　　金彩林（首尔大学美学硕士）

　　李静雅（延世大学英国文学教师）

　　朴启浩（高丽大学教育学硕士）

　　夏金红（东国大学物理学硕士）

　　徐志英（中央大学德国文学博士）

　　韩正阳（江原大学韩语教育学硕士）

图 | 崔尚奎

　　曾荣获 LG 东亚国际漫画展、韩国出版美术家协会插画家大奖赛传统童话奖项，现活跃在卡通、漫画、插画等多个领域。

角色设定 | 刘南英

　　毕业于漫画专业，活跃在角色设计和插画领域，致力于给人们传播快乐、梦想及希望。

图字： 01-2022-5699

미니 인문학 시리즈 1-12
Copyright ©2020, Kumsung Publishing Co., Ltd.
All Rights Reserved.
This Simplified Chinese edition was published by The Peoples Oriental Publishing &
Media Co., Ltd. in 2023 by arrangement with Kumsung Publishing Co., Ltd. through
Arui SHIN Agency & Qiantaiyang Cultural Development (Beijing) Co., Ltd..

图书在版编目（CIP）数据

像哲学家一样思考 . 第二辑 . 弗洛伊德 / 韩国 Goodwill 哲学研究所编著；
千日译 . — 北京：东方出版社，2023.3
ISBN 978-7-5207-2072-4

Ⅰ . ①像… Ⅱ . ①韩… ②千… Ⅲ . ①弗洛伊德 (Freud, Sigmund 1856–
1939) —哲学思想—青少年读物 Ⅳ . ① B-49

中国版本图书馆 CIP 数据核字 (2022) 第 221566 号

像哲学家一样思考（第二辑）：弗洛伊德
XIANG ZHEXUEJIA YIYANG SIKAO DI ER JI : FULUOYIDE
作　　者：［韩］Goodwill 哲学研究所
译　　者：千日

策划编辑：鲁艳芳
责任编辑：黎民子
出　　版：东方出版社
发　　行：人民东方出版传媒有限公司
地　　址：北京市东城区朝阳门内大街 166 号
邮　　编：100010
印　　刷：天津图文方嘉印刷有限公司
版　　次：2023 年 3 月第 1 版
印　　次：2023 年 3 月北京第 1 次印刷
开　　本：880 毫米 ×1230 毫米　1/32
印　　张：3.125
字　　数：24 千字
书　　号：ISBN 978-7-5207-2072-4
定　　价：180.00 元（全 6 册）
发行电话：（010）85924663　85924644　85924641